MIS PENSAMIENTOS, SUEÑOS Y PESADILLAS

GLADYS DUNCAN

Número de Control de la Biblioteca del Congreso de EE. UU.:   2015921272
ISBN: Tapa Dura   978-1-5065-1119-1
                   Tapa Blanda   978-1-5065-1118-4
                   Libro Electrónico   978-1-5065-1117-7

Información de la imprenta disponible en la última página.

Fecha de revisión: 12/02/2016

Para realizar pedidos de este libro, contacte con:
Palibrio
1663 Liberty Drive, Suite 200
Bloomington, IN 47403
Gratis desde EE. UU. al 877.407.5847
Gratis desde México al 01.800.288.2243
Gratis desde España al 900.866.949
Desde otro país al +1.812.671.9757
Fax: 01.812.355.1576
ventas@palibrio.com
615497

MIS PENSAMIENTOS, SUEÑOS Y PESADILLAS

HOY: SIENDO EL DÍA 30 DEL MES DE JULIO, DEL AÑO 2012, A LAS 10:08 DE LA MAÑANA, DOY INICIO, QUERIENDO COMPARTIR CON USTEDES, TODO LO QUE HA SIDO MI VIDA:

MIS TEMORES
MIS DUDAS
MIS PENSAMIENTOS
MIS SUEÑOS
MIS PESADILLAS

PARA QUE SIENTAN LAS FUERZAS DEL UNIVERSO COMO SIEMPRE LAS HE SENTIDO YO.
AQUÍ, EN ESTAS PÁGINAS, DONDE SE QUEDARAN PLASMADAS.

GLADYS DUNCAN

Mi papá, un Señor Jamaiquino, Aventurero. Descendiente de Escoceses y Africanos; hijo de un también Jamaiquino y propietario de un Barco, y de una Isleña, nacida en San Andrés, Colombia. Luego de viajar por diferentes países, entre ellos, Cuba, viviendo y trabajando en Santiago; donde consiguió una carta de Recomendación del Banco para el cual trabajaba, en el año 1924, eso porque tenía ya pensado viajar a la Hispaniola, (Isla dividida en dos: Haití y República Dominicana).

Llegó al Estado Dominicano, Radicándose en la Romana. Allí conoció a mi mamá, de Origen Dominicano, pero de Ascendencia Holandesa de parte de su papá. Ella vivía con sus padres y cinco hermanos. Mi papá era Contemporáneo con mi abuelo, ellos trabajaban juntos en el Central Romana. Ambos en la oficina, mi papá como Traductor y Estenógrafo. El era soltero, pero había tenido un hijo con una Cubana, a quien conoció tiempo atrás, viviendo en ese mismo lugar, en la parte Este del país.

Una vez junto a mi abuelo, visitó la casa de mi mamá y quedó enamorado.

Ella nos contó, que luego de conocerse, en solo tres meses, se hicieron novios y se casaron.

Fueron a vivir a Santo Domingo, la capital del país. Viviendo en la calle Santiago Rodriguez, en la casa número 28, nacimos sus ocho hijos, seis niñas, dos niños. Yo la penúltima, o sea la séptima. Mi mamá decía que en realidad había tenido diez, pero dos murieron al nacer, eran del sexo masculino, uno nació después de haber nacido Eddila, la quinta de mis hermanos y antes de nacer Ramón, el sexto. El otro nació después de Ramón y antes de mí.

Mi mamá, veinticinco años menor que mi papá, nació en Febrero 16 de 1922 y mi papá en Julio 17 De 1897.

Se casaron en Febrero 26 de 1945.

Yo nací el día dos de Diciembre de 1954. Mi papá me reconoció el primero de Enero de 1955.

Viviendo en el mismo lugar donde nací, mi pierna derecha se encogió; entre las fotos de la familia, hay una que da fe de eso. Mi mamá me contó que había caído en mi una brujería que le habían echado a ella y a la familia.

Frente a nuestra casa estaba la entrada de un lugar llamado Jobo Bonito; su nombre viene por una mata de jobos muy frondosa que había allí. En ese lugar vivían tres hermanas, a las que apodaban las Holandesas, eran lonjebas, sus nombres eran: Margot, Rosa y Martina. Ellas eran muy creyentes de los fantasmas y las brujerías. Hacían lo que llamaban Mani, consistía en reuniones para Incorporar Seres del mas Allá, hacer Limpias y Despojos.
A mi mamá le gustaba frecuentar esa casa, haciéndose amiga de ellas. Ese fue uno de los desacuerdos que tuvo con mi papá.

Mi segundo nombre es Martina, puesto precisamente por llamarse así una de las hermanas.
A mi me apodan desde niña Mununa, apodo con el que crecí y con el cual me he encariñado. Mi mamá siempre contaba y lo decía como una gracia, que cuando alguien me preguntaba siendo aún muy niña, cuál era mi nombre, yo respondía:
Gladys Martina Doña Rosa Mununa. No sé de dónde me salía el Mununa, pero Doña Rosa, me imagino era porque una de las holandesas se llamaba Rosa y yo oía le llamaban Doña Rosa, y como mi segundo nombre es Martina, lo relacionaba con Doña Rosa; intuyendo que debía de llamarme así también.

Mi mamá nos contó, que en uno de esos manies a los que ella asistía, alguien incorporó al Varón del Cementerio (San Elías), el cual a través del médium, dijo, refiriéndose a mí: "¡Mucho Cuidado con Ponerle la Mano a Ella o Hacerle algo Malo, porque le Tumbo el Brazo!".

También conto mi mamá, que en ese mani, el Varón del Cementerio, me bautizó.

Mi papá siempre tuvo buenos trabajos y ganaba buenos sueldos, lo que nos permitió vivir como una familia de clase media. Mi mamá nunca tuvo que trabajar, así pudo cuidar de nosotros, también tener varias empleadas a la vez, a su servicio.

Pero todo eso fue cambiando. Mi papá cada vez mayor y viviendo dentro de un ambiente desfavorable, tuvimos que mudarnos de casa en varias ocasiones. Aunque era aun muy niña, recuerdo, nos pasamos de la casa número veintiocho a la número cuarenta de la misma calle. Una vez estaba lloviendo a Cántaro, mi papá y mi mamá sentados en la cama, los oí conversar, hablaban de la situación que estaban enfrentando. No duramos mucho tiempo viviendo en esa casa, pues por no poderla pagar mis padres, la dueña les pidió la desocuparan.

De ahí tuvimos un tiempo arrimados en casa de las holandesas, durmiendo sobre Esteras, en el piso.

Un día mi abuela materna, quien tenía mucha influencia sobre mi mamá, salió a buscar donde mudarnos, y encontró una pieza, era una casa de madera, dividida para cuatro familias, ubicada en la calle Padre Garcia número veintiséis, del barrio San Carlos.

Mi abuela queriendo siempre ayudarnos, hacia que fuera cada vez mayor su intromisión en nuestra familia, y la aceptación de mi mamá, solo hacía que mi papá tolerara cada vez menos a mi abuela, haciendo esto insoportable su relación.

Yo cumplí ocho años recién nos mudamos a esa casa.

Se escuchaban los rumores de que las casas de ese lugar habían sido construidas sobre un cementerio.

Como la situación económica nuestra era cada vez peor, ya mi mamá no podía tener servicio domestico. Ella nos alternaba los quehaceres, siendo seis hermanas y hasta los dos hermanos ayudaban.

Teníamos escasez de agua, la cual buscábamos afuera; escasez de electricidad, aunque en menor grado, eso era generalizado. Pero la escasez de comida, era causada por nuestra mala situación económica. Mi papá chiripeando, como el mismo decía, lograba conseguir algunos centavos para poder palear nuestras necesidades.

Marjorie, mi hermana mayor se hizo novia de Máximo, quien a pesar de su temprana edad tenía su propio taller de ebanistería. Mi hermano Ramón, siendo aun muy niño se iba con él a su taller y allí aprendió ebanistería, trabajo que siempre ha desempeñado. También Leonardo, el tercero de mis hermanos, un poco más grandecito, pero también niño, iba al taller a trabajar, lo que realizó por poco tiempo.

Luisa, la segunda de mis hermanos, fue la primera en conseguir un trabajo formal, en un salón de belleza. Ella se ocupaba mucho en ayudar, comprando vestimenta, comida también. Por lo que mi papá se empezó a sentir algo aliviado. Pero naturalmente, todavía su preocupación era grande.

Mi mamá me cambió a la escuela Brasil, porque nos quedaba más cerca, iba a empezar el nuevo año escolar, y yo iniciaría el cuarto curso. Allí la Directora me hizo algunas pruebas, para ver si yo estaba apta, una de las cuales consistió, en poner en la pizarra el número cuatro, y me preguntó: ¿Que número es ese?, y yo gagueando le respondí: Cua, Cua, Cuatro. Mi mamá intervino diciendo: Esta nerviosa, pero ella sabe mucho.

La Directora me dio su visto bueno e inicié las clases. Cursando allí hasta el sexto grado.

Yo era muy apegada a mi mamá, siempre que ella salía, quería me llevara, lo que en ocasiones conseguía; cuando no lo hacía me quedaba en la casa llorando.

Un día ella me llevó a casa de mi tío Fernando (hermano suyo), y me quedé a dormir allá, y estando aun despierta, vi Ángeles asomarse a las Persianas del Dormitorio.

Mi papá también me llevaba consigo algunas veces, cuando iba a visitar a comerciantes amigos de él, a sus respectivos negocios. El les hacia trabajos de traducción del Ingles al Español y del Español al Ingles. Una vez en uno de esos negocios, el dueño le dijo: Coge un Juguetito para tu hija. Y él eligió un Pollito, que también era un pito, el cual está todo mordido, aun lo conservo.

El nos llevaba a mi hermana menor y a mí, al parque Independencia, mientras nosotras jugábamos en la Glorieta, el leía el periódico, sentado en un banco, al mismo tiempo que nos chequeaba. A veces cruzábamos a un Restauran, en donde nos compraba: Helado y Refresco.

En una de esas salidas, esta vez, en un arranque, por la visita de mi abuela, yo fui detrás de el, íbamos caminando, como normalmente lo hacíamos, y al pasar frente a la escuela Brasil, donde yo cursaba la primaria, una compañerita mía de clases me grito: ¡Duncan, pásame la pelota!, ella estaba jugando Voleibol, junto a un grupo, y la pelota se les salió a la calle, la recogí, y al ella acercarse, se la pasé, diciéndole al mismo tiempo, con mucho orgullo: ¡Ese es mi Papá!.

Mi madrina de bautismo, se llamaba Georgina Moscat, era muy amiga de mi mamá, y en su juventud, cuando mi mamá aun era soltera, trabajaron juntas como profesoras de escuela. Mi mamá también fue Directora de plantel, en una ocasión.

Para día de Reyes, ella me llevaba con mi madrina, que me tenía cada año, un regalito, y me obsequiaba además 0.50 centavos. Cuando no lo hacía, yo insistía para que me llevara, y mi papá, en son de relajo y muy sonreído, decía: A ella le gusta ir donde su

Madrina, por los 0.50 centavos que le da, a mi no me caía bien el comentario, pero ahora, reconozco que tenía razón.

Mi mamá me llevó a mi pediatra, y él le indicó, cruzarme en yola el rio Ozama, y que me diera a comer hígado. No sé si fue debido al estado de ansiedad que yo vivía, en una etapa de mi niñez, el cual se manifestaba con la sensación de falta de oxigeno, que hacía yo sintiera, no podía respirar.

Yo pensaba que si la situación económica mejoraba, nuestra convivencia iba a ser buena, ya que era irritable muchas veces.

El tiempo pasaba, mis hermanos mayores se iban integrando al trabajo, pero todo seguía igual.

Cuando yo cursaba el quinto grado de la primaria, la profesora me obsequió un bolígrafo, por ser la alumna más sobresaliente. Pero por ser mi situación económica tan precaria, no usaba uniforme, y ella, dándome un manotazo en un hombro, me dijo: ¡tú tienes que venir con uniforme!. A la salida de la escuela, en camino a la casa junto a mi hermana menor, quien cursaba el tercer grado, le conté lo que me había pasado, y no pude contener el llanto. Mi hermana, tan pronto llegamos a la casa se lo dijo a mi mamá, quien sin pérdida de tiempo, al día siguiente, fue a hablar con ella. Visita muy oportuna, porque no volvió a mencionarme lo del uniforme, y dijo frente a todos mis compañeros de clases: ¡La Mamá de Duncan parece una artista!; yo muy contenta se lo hice saber a mi mamá, y mi papá que siempre estaba pendiente de lo que le sucedía a sus hijos, estando presente en la casa en ese momento, me escucho, y vi en su rostro una sonrisa de gran satisfacción.

El 24 de Abril de 1965, estallo una Revolución Civil, culminando el día 8 de Diciembre del mismo año. Duro justamente siete meses y dos semanas. Recién había cumplido mis once años. Entonces las clases, en general, fueron suspendidas, reanudándolas de nuevo el siguiente año.

Recuerdo, la Línea Divisoria entre los Norteamericanos que nos invadieron y los Nacionales Revolucionarios, estaba justo frente a mi casa. Los Alambres de Púa, fueron tendidos, desde donde estaba mi casa, la cual quedó dentro del lado de los Nacionales, y un pequeño callejón que nos pertenecía, del lado de los Norteamericanos. Algunos soldados cruzaban la Línea para visitar mi casa, y nos regalaban latería, de lo que ellos comían.

Uno de los soldados de apellido Salas, de origen Asiático, se hizo novio de Emma, la cuarta de mis hermanos; llamada así por la amistad que mi mamá tenía con Doña Emma Balaguer, hermana del Presidente Joaquín Balaguer, ambos ya fallecidos. Ellas cantaban juntas en el Coro de la Iglesia. Otro era Ruso, de nombre más o menos así: Vaskauskas. El conversaba mucho con mi papá; una vez mi papá le contaba, como los dominicanos le llamaban a la parte más intima de la mujer, y aunque hablaban en ingles, me di cuenta de lo que se trataba, por el nombre. Hubo entre ellos una hilaridad, el Ruso se rió tanto, que no se veía cuando iba a parar.

En una ocasión se me introdujo en la planta de uno de mis pies, una piedrecita, y mi mamá necesitaba ayuda para podérmela extraer, entonces uno de los soldados Norteamericanos, me cargó para llevarme con él a uno de sus Dispensarios Médico. Por mi diminuto tamaño, lo veía casi como un gigante.

En esa época de mi vida, yo escribía mucho; mi papá impartía clases de inglés en la casa, y tenía una pizarra grande, en ella, escribía cosas, como: ¡Raphael, eres como la Luna y como el Sol, porque alumbraste mi Corazón! Lo escribí por Raphael de España, como le llamaban, y así escribían su nombre, de quien yo era una gran admiradora.

A la leche Rica, una marca de leche que había en mi país, y creo todavía existe. Le escribí algo tan gracioso y coherente, y no con pocas palabras, que a mi papá le gusto muchísimo, y solo dijo muy sonriente: ¡Caramba, esa Niña si es Inteligente!

Hago ahora un Paréntesis, para contarles una Anécdota, acerca de la Leche: A la edad de diez años yo seguía tomando leche en Biberón, (lo recuerdo vagamente), un día, mi tío Fernando llegó a la casa, y me encontró tomándome mi leche, de inmediato, me arrebató el biberón y lo echó a la basura, mientras decía: Todavía tomas Leche en Biberón?, estas muy grande para eso.

De ahí, no quise tomarla más, y mi mamá, muy mortificada, dijo: Ella me da mucho trabajo hacerla comer, y ahora sin tomar leche se me va a enfermar.

Luego, empecé a tomarla de nuevo, y hasta la fecha, es una de mis bebidas favoritas.

Cerrando el Paréntesis, continúo con las Inspiraciones de mi Niñez:

"El Niño del Callejón", así lo titulé, y se trataba de un niño que corría sin parar, porque un policía lo perseguía, el niño entró a un callejón y el policía seguía tras él.

Inspiración que causó la burla de mis hermanos.

Cuando cursé el segundo año de la primaria, en la escuela Padre Billini, el Profesor, llamado José Cuesta (aún lo recuerdo), me preparó junto a las alumnas más destacadas, para pasar al cuarto curso, brincando así el tercero. El nos enseñó a ver la hora, y nos indicó hacer un reloj de cartón, Yo hice el mío a la perfección. Cada vez que nos pedía poner la hora en nuestros relojes, el mío tenía exactamente la hora indicada, por lo que el profesor me escogió como ejemplo, y cada vez que tocaba esa clase, indicaba la hora a poner, y me decía: Shiril, muestra tu reloj, y a las demás Fíjense en la hora que Ella tiene.

Siempre en las instituciones académicas donde yo he estudiado, me han llamado Duncan, por mi primer apellido, con excepción de José Cuesta, del segundo grado de la primaria, que me llamaba Shiril, por decirme Schrils, mi segundo apellido, y Fernandito, Sub Director del Instituto Masónico, donde hice el cuarto año del bachillerato; el también por el mismo motivo de mi segundo apellido, me llamaba, Shiril.

Yo era muy delgadita, y para la apreciación de mi padre, muy pequeña para mi edad, razón por la cual, siempre estuvo preocupado. Hasta llegó a pensar que yo iba a ser enana, lo que lo llevó a estar tan pendiente de mi, que con frecuencia, me media la estatura, de la siguiente manera: Me paraba, recostada del marco de una de las puertas de la casa, y con un lápiz trazaba una rayita sobre mi cabeza, al parecer no veía progreso en mi crecimiento, y empezó a llevarme a la clínica Internacional, donde un médico amigo suyo. Como en la clínica me hacían análisis, me iba en ayuna, y al regreso a la casa, en el camino me compraba un pan Carioca y un refresco rojo, los cuales eran mis preferidos.

Una vez el médico fue a la casa, y estando yo jugando con una vecinita, nos acercó a él y nos paró al lado una de la otra, diciéndole a mi papá: Esta si es Enana, tu hija no. Yo estaba tomando un jarabe a base de hierro, y ese mismo día, le dijo a su amigo: Ya le he dado a tomar dos frascos y pienso darle un tercero, a lo que el médico, rápidamente respondió: ¡Estás loco, la puedes matar! Esa visita de su amigo médico a la casa, le tranquilizó. Pues luego supe, que hasta había escrito al Japón, a unos especialistas en el caso.

Mi mamá decía que el único problema que ella tenía conmigo, era porque no me gustaba comer, incluso, y lo recuerdo, ella tenía que darme en ocasiones, la comida en la boca. Pero aún así, tenía mucha fuerza, y nunca daba con anemia, en los resultados de los análisis de sangre, que me realizaban.

Yo comía muchas frutas, pues en el patio de la casa había varios árboles frutales. Además, a pesar de nuestra pobreza, cuando se podía, comíamos bien, no faltaba las ensaladas, incluyendo de frutas, que mi mamá hacía, tampoco la leche. Quizás ese fue el motivo por lo que nunca fui anémica, porque esas cosas, sí las comía sin problema. También comía muchos dulces.

Mis hermanos me llamaban: Enana, Ojos de Loca, Marciana. Una vez, se encontraba mi papá en la casa, y siendo yo burla de ellos, me dijo: Venga acá, no les haga caso, que usted es más inteligente que todos ellos juntos.

Con frecuencia, me daban Pesadillas, y en ellas yo gritaba tan alto y con tanta fuerza, que despertaba a todos alrededor, incluyendo los vecinos, cosa que me mortificaba, porque como mismo sentía yo de acelerado mi corazón, pensaba así debían de sentirlo ellos, al despertar repentinamente con mis gritos.

Cuando tenía alguna actividad nocturna, ya fuese: Pesadilla, sentarme en la cama y hablar o levantarme, lo hacia semi consciente, o sea, me daba cuenta de mis movimientos, pero no con exactitud, ni tampoco podía controlarlos. Con las Pesadillas, me levantaba, gritaba y decía:
Ahí viene, ahí viene el Hombre; el cual no veía, no veía nunca a quien le corría. Al despertar, veía frente a mí a mis dos hermanos, quienes habían estado forcejeando, tratando de controlarme y sin conseguirlo. Ellos decían que en ese momento yo tenía una fuerza Extraordinaria.
Muchas noches, cuando mi papá se daba cuenta de que me iba a dar la "Ciripa", como le llamaba mi mamá, me llevaba a su cama y me decía: Ya, Ya, Tranquila, y me quedaba dormida.
Siempre tuve muchas inquietudes al respecto, lo que me hacía pensar y observarme. Cuando en mi casa ponían películas de misterio en el televisor, me encantaba verlas, por lo que pude darme cuenta que nada tenían que ver con mis Pesadillas.

A pesar de todo eso, tuve una Niñez y Adolescencia bonitas.

Cuando en la Universidad Autónoma de Santo Domingo habían enfrentamientos, entre estudiantes y policías, estos últimos tiraban bombas lacrimógenas, lo que hacía irritar nuestros ojos y afectar nuestra respiración. Mi papá de inmediato, nos llevaba al baño y nos entraba la cara en un tanque con agua, que siempre lo teníamos lleno, por la escasez del liquido que había.

La UASD quedaba a pocos kilómetros de mi casa, por eso sentíamos los efectos.

En esos enfrentamientos, cuando los estudiantes se dispersaban corriendo, muchos de ellos pasaban frente a mi casa.

En uno de esos, estando mi hermana menor Miroslava y yo jugando en la sala, un estudiante que venía corriendo, se tiró por la ventana de la sala que daba hacia el callejón, se veía muy asustado, mi hermanita le empezó a gritar que saliera, a lo que yo reaccioné diciendo:

Déjalo, es un Estudiante huyendo de la Policía.

El nombre de Miroslava se lo puso mi mamá, por una Actriz del Cine Mexicano, nacida en Checoslovaquia.

Mi nombre Gladys, me lo puso mi papá, por llamarse así mi mamá, ella nos contó, que él le dijo al yo nacer: No hemos Bautizado con tu nombre todavía a ninguna de nuestras hijas, así que, a esta le vamos a llamar Gladys.

Teníamos un grupo de amigos con los que en nuestra adolescencia íbamos a bailar, en fiestecitas que hacíamos en diferentes casas, también fiestas en la calle, en las navidades.

Para el criterio de mi mamá, usábamos las faldas muy cortas, por lo que estaba constantemente bajándoles el ruedo.

Muchas veces montaba a caballo con un primo, en la finca de su papá.

Me gustaba el modelaje, por eso siempre elegía mis modas, cuando me llevaban a la modista, a hacerme alguna ropa. En una velada que se hizo en mi barrio, mi hermanita, una amiguita nuestra y yo fuimos invitadas a participar, bailamos "ACUARIO", tuvimos un gran público. La ropa que usamos en esa presentación, también la elegí yo.

Una noche soñé lo siguiente: Me vi parada en la esquina de la casa donde vivía mi Modista, me encontraba frente a una bolsita de papel Manila, llena de Billetes de RD$20.00, que se encontraba en el piso. Fue tan real ese sueño, que al día siguiente le dije a una de mis hermanas, con mucha insistencia, me llevara a ese lugar porque estaba segura iba a encontrarla allí; a lo que mi hermana se negó.

Mis padres discrepaban en la forma de querernos guiar. En el caso de mi papá, a el le gustaba que todos estuviéramos en la casa lo más tardar a las diez de la noche, aún los varones. Pero Leonardo quien estaba en una edad muy difícil, además era muy inquieto, no cumplía con esa regla, mi mamá queriéndolo encubrir, cuando mi papá cerraba la puerta y se acostaba, ella la abría y le ponía un mueble detrás, para que así mi hermano pudiera entrar sin que mi papá se diera cuenta. Mi mamá siempre tenía la preocupación de no saber dónde estaba, aunque muchas veces, ella sabia se encontraba conversando con unos amigos en la esquina de la casa. Así también, para la Revolución, con tan sólo dieciséis años de edad, se unió a los revolucionarios en su lucha, y mi mamá le llevaba comida y ropa.

Mis hermanas, en ocasiones tenían sus Episodios. A veces se levantaban, hablaban, tenían sueños, y hasta Revelaciones. Una noche, Luisa, soñó con mi abuela paterna, la vio, dijo: La oí decirle a mi papá "Luis, No Quiero Morir Sin Verte".

Mi mamá nos contó, que mi papá recibió notificación de la muerte de su madre, y la hora y fecha de lo sucedido coincidían con el sueño de mi hermana, también que murió llamando a mi papá.

En mi caso, he sido siempre la más versátil en asuntos Espirituales.

Siendo ya adolescente, una mañana desperté, pero aún no me levantaba de la cama, y vino a mi mente lo siguiente: Qué sentido tiene la Vida? Nos morimos y nunca más volvemos, Todo se Acaba. Sentí que mis Pensamientos se Transportaban hacia el Infinito, diciéndome: Elizabeth Taylor también se va a morir; refiriéndome a la Actriz del cine Norteamericano, fallecida recientemente.

Un día estaba parada en el patio, entre la casa y una cocina que mi mamá mandó a construir, luego de deshacer un Aljibe que había en el lugar, y tiré al piso un papel embollado, en el cual yo había escrito algo, y esa escena fue tan vívida, que me hizo trasladar al pasado, reviviendo algo que ya había sucedido. Así lo sentí, como una Repetición.

En el año 1970, yo contaba con quince años de edad, mi hermana mayor hacia los preparativos de su Boda.

A mis papás los dueños de la casa les dijeron, debíamos de mudarnos, pues ellos iban a remodelarla, y les prometieron un apartamento, de unos que estaban construyendo en la acera de enfrente, propiedad también de ellos. Promesa que no se cumplió.

Cuando oí hablar de un apartamento nuevo, me contenté, pues ya yo quería trabajar y pensé, ese lugar va a ser ideal para instalarle una Oficina a mi papá, para que el hiciera sus traducciones: Inglés/ Español, Español/Inglés, como siempre yo lo había soñado; con su propio teléfono, así no tendría que usar el de la familia Alfonseca, que vivía en la casa de enfrente número veinticinco.

Mis Anhelos eran cada vez más Marcados y mis Pensamientos más Profundos.

Llegó la hora de mudarnos. La Injerencia de mi abuela, de nuevo por querernos ayudar. Esta vez nos consiguió una pieza, en la misma calle Padre Garcia, en la siguiente cuadra, la casa número 18, estaba compuesta por tres piezas.

Dimos un paso más al atraso. La dueña de la casa había sido una mujer llamada Socorro, que no estaba bien de la cabeza. Al morir ella, se hizo cargo uno de sus hijos, quien se la alquiló a mi mamá. En el patio habían construido unas casitas, en una de ellas vivía el hijo menor de la mujer, el también lucía con problemas mentales.

Mi papá cada vez más atormentado, con una situación que parecía no tener fin. Se puso de un humor pésimo, ya no soportaba a mi abuela; cuando ella llegaba a la casa, el salía por el callejón, estaba tan irritado que no asistió a la boda de mi hermana. Sabía que la edad no le ayudaba.

Me llevó a la Academia Renacimiento (instituto comercial), allí habló con Doña Eridania, quien junto a su esposo eran dueños y directores de la institución; le manifestó su interés por ingresarme para estudiar secretariado, ella le dijo: Aunque ella no llega a la edad requerida, por tratarse de usted, la podemos aceptar. El curso costaba RD$20.00 al mes, lo mismo que el percibía por un trabajo de traducción que le hacía al Sr. Sartori, dueño de "Sartori & Hijo" (negocio dedicado a la venta de máquinas de coser, entre otras cosas), quien era también su amigo.

Le dije: Papabuy, cómo me vas a pagar un secretariado, si te cuesta lo mismo que ganas al mes?, el no me contestó.

La casa donde estábamos viviendo, era húmeda, el techo de zing tenía goteras. Mi mamá le acomodó su dormitorio en un cuarto que había al lado del comedor y frente a un angosto y cerrado callejón; desde ahí cada mañana a las 7:00, el nos despertaba, llamándonos a cada uno por su nombre y diciendo: A los que trabajaban, a su trabajo, y a los que solo estudiábamos, a la escuela. Eddila, al levantarse, antes de alistarse para ir a su trabajo, hacia café y le llevaba una taza a su cama; una mañana, el no nos despertó, pero mi hermana se levantó y como de costumbre fue a llevarle su café a la cama, cuando por sus gritos desesperados, todos los demás despertamos, mi papá estaba emitiendo sonidos que salían desde la parte interna de atrás de su nariz, quizás en un intento por hablar.

Leonardo rápidamente salió a localizar un taxi, y con la ayuda de Ramón lo montaron al carro, luego, Eddila y el lo llevaron a la clínica mas cercana, muriendo allí al llegar, sucedió a las ocho de la mañana del día seis de Febrero de 1971.

Yo recién había cumplido los dieciséis años de edad y cursaba el primer grado del bachillerato. Me sentía frustrada, pues al ver mi papá mi deseo de trabajar, desde mi temprana adolescencia, dada la situación económica nuestra, tuvo mucho interés de que yo me formara mejor académicamente, para así poder trabajar en una oficina, cosa que no logró, y al irse no lo hizo solo, se fue mi mente con su espíritu. Desde entonces hemos estado conectados, tanto como si yo fuera una extensión de él. Naturalmente, en ese momento no lo entendía, solo me dejaba llevar, en el trayecto de mi vida es que he ido comprendiendo.

Al correrse la voz de la muerte de mi padre, Niní, una costurera que vivía en la calle Salcedo, al doblar de mi casa, en cuestión de minutos, nos hizo ropa de luto, y como si nos hubiera tomado las medidas, nos quedó perfectamente bien. Muy agradecidos estamos por su gesto, y con otras personas del barrio que nos mostraron su gran afecto. Así como a nuestros amigos que estuvieron con nosotros en todo el velatorio.

En el mes de Mayo de ese mismo año, conocí a un joven de apellido Miniño, apodado así también. Nos hicimos novios; noviazgo que duró sólo un mes, pues fue muy tormentoso, ya que mi mamá se encariñó mucho con él, y sus afanes y atenciones, no hacían más que irritar a mis hermanos varones, quienes se sentían desplazados. No pude más con la situación, y queriéndome sentir libre y sin ataduras, le dije que no podíamos continuar.

Cuatro meses más tarde conocí a otro joven, que se sumó al grupo de amigos que teníamos, de nombre Fernando Meriño, le decíamos Fernandito. Empezamos nuestro noviazgo, el cual nunca fue aceptado por mi mamá, como tampoco me aceptaba ningún otro enamorado, fuera de Miniño.

Tengo algunas Anécdotas acerca de ese noviazgo:

Una tarde fuimos a una fiestecita en casa de una amiga, la cual vivía en la misma calle que yo; estando bailando con Fernandito, llegó mi mamá súbitamente, y me dio un jalón por un brazo, dejándolo a él bailando sólo; ante el asombro de todos los presentes, uno de mis amigos dijo: ¡Oh! Si me lo hubiera imaginado, se lo hubiera avisado, pues yo la vi cuando venía. Eso me lo contaron después.

Ahí viene la otra:

Otra tarde, fuimos al Malecón, éramos cuatro parejas, al regresar, nos dispersamos, los muchachos siguieron su camino, y nosotras íbamos a nuestras respectivas casas; llegando a la calle Padre Garcia esquina Salcedo, nos encontramos con mi mamá, estaba con un palo en la mano, todas nos alborotamos: ¡Ahí está Malady! con un palo, se oía. Mi hermana y yo seguimos hasta la casa muy sigilosamente, mi mamá nos siguió, ya tranquila, no pasó más.
Pero siempre que lo veía, donde quiera que fuera lo enfrentaba.

Una vez fui a una fiesta de quince años, en el Club de los Detallistas de Santo Domingo. Todas mis amigas estaban acompañadas con sus novios, menos yo, que estaba esperando su llegada.
Allí conocí a Benedicto Pimentel, quien tenía una agencia de modelaje; él me invitó a su programa televisivo, en donde mostraba los rostros de sus modelos. Yo no acepté. Mientras seguía esperando a Fernandito, se me acercó un individuo, que parecía estar drogado, y me hizo proposiciones sexuales, a la franca.
Mi novio no llegó, y al día siguiente lo telefoneé y le dije: Vamos a terminar, me hiciste una "plancha" ayer, a lo que me contestó: Ven a decírmelo personalmente, y yo ni corta ni perezosa me dirigí a su casa, el me recibió y estando en la puerta, parados, me propinó una bofetada.

Sigamos ahora con las Apariciones de mi Papá:

Al principio cuando el falleció, me ponía sus pantuflas y me acostaba en su cama algunas tardes. En una de esas, mis pensamientos profundizaron tanto, que oí su voz dentro de mí, diciéndome: ¡Cuidado!

Dormida, una vez lo vi, me dijo: Tú eres el CEREBRO de la casa.

En otro sueño, lo vi en la sala, muy molesto, me llamaba la atención, era como si me alertara para sacarme de un ambiente inadecuado, o una situación mala.

En ambas ocasiones lo vi tal cual él era. Incluso en ropa interior, como acostumbraba estar cuando descansaba sus siestas, debido al clima templado nuestro.

Continúo con mis sueños:

Estaba encerrada, dentro de una pequeñita habitación con forma de triángulo, iluminada con una luz muy potente.

Sentada a la orilla de un rio, vestía como india.

Dormida una tarde, vi a tres mujeres, me parecía, eran hindúes, tenían el pelo largo hasta la cintura, lacio, color castaño obscuro, vestían vestidos largos hasta los pies, cada uno de un color diferente. Estaban dentro de un Pozo vacío, de espalda, haciendo movimientos con sus manos, como si fuera una limpieza espiritual.

Con frecuencia hacia grandes limpiezas en la casa. Me subía sobre un armario del aposento, para poder limpiar el techo. Cuando me tocaba cocinar y hacía ese tipo de limpieza al mismo tiempo, era un calvario para mis hermanos, quienes se molestaban y protestaban, pues cuando pasaba de la limpieza a la cocina, antes, me lavaba las manos, y en todo ese proceso, terminaba de cocinar muy tarde.

Un día le pregunté a mi mamá: ¿Qué es bueno para limpiar el piso?, Ella me respondió: La hoja de Auyama, Pétalos de Rosas, entre otras cosas.

Fui al mercado Modelo, compré todo lo que ella me había dicho, le agregué trementina, todo eso lo puse dentro de un baño de aluminio que tenía, le puse agua, y estrujé bien las hojas y los pétalos, lo mezclé todo, procediendo luego a la limpieza especial.

Alguien me dijo una vez: Es bueno que pongas un recipiente con agua clara debajo de la cama. Empecé a ponerlo, pero antes, en un vaso pequeño de cristal, al cual llamábamos Cervecero, echaba agua, alternando, algunas veces con un chorrito de perfume, otras veces, agua sola sin perfume, y lo ponía debajo de mi cama. Un día, recuerdo perfectamente, lo puse sin perfume, porque me dije, voy a poner el agua solamente, al día siguiente, no recordé que tenía el vaso con agua debajo de mi cama, y al entrar la escoba para barrer, el vaso se volteó, dejando derramar el agua, apoderándose de la casa un fuerte olor a perfume. Dije: Oh! Yo no le puse perfume, y los comentarios se oían en la casa.

Una madrugada, me contó mi mamá: Me senté en la cama, y sostuve una conversación con mucha hilaridad, por largo rato. Ella me preguntaba: ¿Con quién tú hablas? Muchacha, duérmete ya, pero yo seguí, hasta completar mi diálogo.

En una de las casitas del patio, se mudaron dos mujeres, eran Francomacorisanas (San Francisco de Macoris, un pueblo al norte de Santo Domingo). Nos hicimos amigas, a pesar de que en aquel entonces, me duplicaban la edad. Una de ellas, llamada Estela, tenía como pasatiempo, llamar por teléfono a jóvenes del sexo masculino, que conocía de una u otra manera.

Por medio a ella, conocí a algunos de sus amigos, con quienes salíamos a bailar a discotecas, en ocasiones.

La hermana, era Médium de espíritus extraterrestres, yo creo, son Marcianos.

También en el patio de la casa había dos matas de Coco, una de las cuales fue cortada por unos vecinos, para despejar el área, y así poder echar gravilla en el suelo.

Justo en ese lugar se sentaba mi mamá cada tarde, con un juego de Bingo, y junto con algunos vecinos jugábamos.

La otra mata de Coco, se encontraba en la parte de atrás del patio, entre la llave de agua y la casita de las francomacorisanas. Una tarde, mi mamá jugaba, y yo me encontraba en una terracita que teníamos, al lado de la cocina, lavando mi ropa. Cuando de repente, vimos una luz, seguida de un estruendo fue un Rayo que cayó, justo sobre la mata de Coco que quedaba, dejándola quemada y sin dar más frutos. Ese Rayo provocó gran asombro, pues cayó sin haber estado lloviendo, y ni siquiera nublado.

Al fallecer mi papá, dejó cosas, como algunas fotografías, con las que yo me quedé; libros, documentos personales y una carta de la que se apoderó Marjorie. La carta le había sido enviada por un sobrino suyo, hacía ya mucho tiempo.

Como mi papá viajó tanto, hasta radicarse en nuestro país, se mantuvo alejado de su familia, por lo que, ni mi mamá, ni nosotros sus hijos, llegamos a conocerla.

De niña, viviendo en la casa anterior, nos visitaba un hombre procedente de Haina (un pequeño pueblo al Oeste de Santo Domingo). El cambiaba Pollos y Objetos hechos de Paja, por ropa usada, ya no deseada por sus dueños. Yo siempre recogía de la ropa y zapatos que no queríamos, y se las cambiaba. Echábamos buenos pleitos, porque a veces, consideraba haberle dado mucha ropa por lo que merecía dos pollos, no uno solo, y él me decía que parte de la ropa estaba muy maltratada, por lo que solo me daría uno. Una vez conseguí me diera dos, ¡Aleluya! Ese hombre siguió yendo a mi casa, después de habernos mudado. Al fallecimiento de mi papá, cogí toda su ropa y se las cambié. Pensé que conservarlas no era positivo, pués solo nos traería nostalgia.

Como mi hermana conservaba la carta, escribió a la dirección que tenía el sobre, tratando de comunicarse con nuestro primo, pero el ya se había mudado a otro lugar, por lo que mi hermana se puso en contacto con la Embajada Norteamericana en Santo Domingo; por medio a ellos consiguió su nueva dirección. Por fin se pusieron en contacto. Al año siguiente, en Febrero de 1972, viajo a Santo Domingo a conocernos, y desde entonces, nos visito cada año, hasta que su salud se lo permitió.

Nos conto: era casado, pero él y su esposa no tuvieron hijos. Era hijo de la hermana mayor de mi papá, quien murió al él nacer, criándolo nuestra abuela paterna; estaba viviendo en Plymouth, Mass; donde actualmente sigue viviendo su esposa Geneva. Ella casi todos los años viajaba con él hacia donde nosotros, pero, algunos no lo hacía, pues prefería visitar a unas hermanas que vivían en Puerto Rico. A él lo bautizaron con muchos nombres, pero firmaba solo Francisco Dicks, le llamábamos Bob.

Cuando visitó mi casa materna la primera vez, no pudo contener las lágrimas al decirnos: Nunca me imagine el estado de pobreza en el que vivía mi tío Luis y su familia, El nunca me lo mencionó.

Yo hacía el segundo año de la secundaria, y el profesor de física, nos encomendó un trabajo a cada uno de los estudiantes, para hacerlo en la casa; a mí me asignó uno acerca de la Iluminación. Nos dijo: Cuando los califique, los que no devuelva es porque han sacado más de 85 puntos, eso es 85 de 100. Fui a la Biblioteca Nacional, que me quedaba cerca, y consultando varios tomos de una enciclopedia, hice el trabajo. Luego le dije a mi mamá: Acompáñame a donde Máximo, el es bueno para dibujar, pues en cada sección del trabajo, según a lo que me refería de la Iluminación, dejé un espacio, para hacerle un dibujo alegórico. Entonces llegamos donde mi cuñado y le expliqué, el accedió con gusto, y me hizo: Una Vela, donde yo escribí acerca de la vela; Un Farol, Un Bombillo, y así sucesivamente. Cuando lo entregue, el profesor no me lo devolvió, por lo que di por seguro que mi calificación fue mayor a los 85.

A pesar de mi trabajo de física, repetí el año escolar, pués, mi asistencia a la escuela no era buena, lo que no me ayudó. Me inscribí en la Academia Renacimiento, esa vez de noche, e inicié de nuevo el segundo año.

Siempre fui muy buena en matemáticas y gramática, ¡bueno!, creo que en todo, pero tenía muchas lagunas.

El primero de Noviembre del mismo año 72, empecé a trabajar en La Casa Funcia (era la mercería más grande en Santo Domingo), se trataba de surtir del material necesario, a los diseñadores de moda, costureros, y tiendas más pequeñas. Fue mi primer trabajo. Al mes cumplí los dieciocho años.

Semanas antes del fallecimiento de mi papá, se me ocurrió investigar en el Conservatorio Nacional de Música, sobre el curso de piano, pués estaba muy inclinada en querer estudiarlo. Me dijeron: Solo debía de pagar una cuota de 0.50 centavos al mes, yo fascinada, hablé con Miroslava, para que se inscribiera conmigo, y también con una amiga nuestra, que había sido novia de Leonardo, para que nos llevara a matricular, ya que nosotras éramos menores de edad; ella muy complaciente nos llevó. Empezamos con Solfeo, que tiene un año de duración, previo a iniciar el aprendizaje de cualquier instrumento. Asistía al Conservatorio por las tardes, por las mañanas, cursaba el primer año del bachillerato, en el Instituto de Señoritas Salome Ureña. Con la profesora de baile ensayábamos una pieza musical, para una presentación, en esos días me salió un Orzuelo en el ojo derecho. Más adelante y teniendo alrededor de un mes estudiando Solfeo en el Conservatorio, vino el deceso de mi papá, llevándome a suspender mis ensayos de baile, y también las clases en el Conservatorio.

Cada cierto tiempo, iba a vivir a casa de mi hermana, en la calle Isabel La Católica número 159, tercer piso, Zona Colonial; además de que ayudaba con los niños, me gustaba estar en esa casa, luego volvía a mi casa materna.

En el año 1973, estudiaba el tercer año de la secundaria, en la Academia Renacimiento, y fui a pasarme unos días a la Isabel La Católica. En ese entonces, vivían en la casa: Eddila, que había sido intervenida quirúrgicamente en varias ocasiones, por unos quistes que le salían en los senos; Paco, como apodaban a un primo de mi cuñado, el estaba rentando una habitación; y Luisito, su hijo mayor, el único que había nacido de cuatro que tienen hoy día. Nació el 21 de Julio del mismo año que murió mi papá; también mi hermana y su esposo, ¡naturalmente!

La casa era bastante grande, tenía: dos salas, dos comedores, dos cocinas, tres dormitorios grandes, un baño y medio, un balcón, un cuarto de servicio con su baño, un pequeño pasillo, al lado del cuarto de servicio, en donde había un lavadero, y un largo pasillo, que comenzaba en la sala y terminaba en la cocina mas grande. En ese entonces, yo dormía en el comedor de lujo, el cual mi hermana había transformado en un aposento; quedaba frente a la puerta de entrada a la casa, justo donde empezaba el pasillo; tenía la puerta de caoba con vidrios en forma rectangular.

Una noche me levanté gritando, con la potencia con que solía hacerlo. Corría de un hombre que venía detrás de mí, el cual no vi, en cambio, vi a mi hermana Eddila tratando de agarrarme. En mi desesperación, levantada de la cama, traté de abrir la puerta, y sin lograrlo, empecé a golpearla con mi brazo derecho, rompiendo así tres de los vidrios. Cuando fueron a socorrerme, mis dos hermanas, mi cuñado y su primo, al abrir ellos la puerta, a la primera que vi, fue a Eddila. Como vestía solamente panty y camiseta, me agaché en un rincón de la habitación, estaba ensangrentada y llorando, los vidrios me produjeron heridas en el antebrazo derecho, desde el pulgar. Al levantarme del piso, me terminé de cambiar, y le dije a Eddila: Creo que me voy a volver loca. Me llevaron al hospital Padre Billini, era el más cercano; allí me cosieron las heridas a sangre fría, alrededor de las doce de la noche, aún conservo las marcas en mi brazo. Al día siguiente, mi mamá fue a buscarme, y dijo: No quiero que en una de esas se tire por el balcón.

Grégory, el segundo de los hijos de Marjorie y Máximo, todavía no había nacido, el nació el 27 de Mayo de 1975. Ya mas grandecito, parece que oyó a mi mamá referirse al caso, y más adelante cuando vino a vivir a Estados Unidos junto a su familia, yo le escribía y le ponía figuritas a las cartas, como avioncitos, al igual que a sus hermanitos. Una vez el me envió una tarjeta que hizo en la escuela y le puso: Mununa, Malady dice que a ti te salió Satanás. En el momento, no lo interprete, después de muchos años, revisando mis cosas, volví a leerla, y fue cuando me di cuenta lo que él me decía.

De niña mi papá me inculcó la lectura, principalmente me decía leyera el periódico, y los letreros en las calles, pués así iba a perfeccionarla. Siguiendo su consejo, así lo hacía.

De esa manera le cogí el gusto a la lectura, y aunque no he sido aficionada a ningún tipo en específico, siempre que estoy cerca de libros, les hecho un vistazo. De hecho, he comprado algunos, incluyendo de texto.

Siempre me gustó ahorrar, Ramón, siendo ebanista, me hizo una alcancía de madera, yo estaba fascinada, y empecé a echarle centavos, que era lo que mi papá podía darme, y a pesar de comprar mis dulces, siempre podía sacar lo de mis ahorros.

Un día mi papá no tenía dinero, y estaba muy preocupado, yo abrí mi alcancía y conté lo que tenía, eran 0.28 centavos, y le dije: Papabuy, esto lo saqué de mi alcancía, y se los entregué, el sonriendo me dio las gracias.

Casualmente, el número 28, una vez, el me preguntó entre broma y verdad: Que número va a salir el domingo?, le contesté, con una voz baja que él no pudo oír: El 28. Saliendo ese domingo, ese mismo número, mi mamá que si me oyó, le dijo: Ella te dio el número, pero con mucha timidéz.

Mi mamá impartía clases a algunos niños, en el patio de la casa, los preparaba en sus vacaciones, para el siguiente año escolar. También hacia uno que otro negocito para ayudar a la economía familiar. Quizás todo eso era lo que hacía que yo pensara tanto en trabajar y en los negocios.

Cuando tenía alrededor de nueve años, jugaba con unos vecinitos a que tenía un banco, hacia dinero de papel, y les decía que hicieran fila para atenderlos.

A los once, una compañera de clases me habló de una compañía que tomaba estudiantes en sus vacaciones, para trabajar armando bolígrafos, yo, dando por hecho que iba a trabajar, al llegar a mi casa se lo hice saber a mis papás, y el dijo: Tan pequeña y queriendo trabajar.

De entre sus documentos, también tomé un catálogo de automóviles, que le habían enviado de la General Motors. Catálogo que me fascinó. Parece, el estaba tratando de negociar con ellos. Les escribí a su dirección, diciéndoles: Soy hija del señor Luis Duncan, el acaba de fallecer, y aunque solo tengo dieciséis años de edad, me siento competente para sustituirlo, y seguir la negociación con ustedes. Me respondieron, negándome la solicitud. Insistí, escribiéndoles de nuevo, recibiendo como respuesta, una copia de su primera correspondencia, entendiendo así, no había interés de su parte.

En una ocasión recorté un anuncio de una hermandad llamada Unity, de un periódico o revista, decía lo siguiente: Ellos tenían la Alcancía de la Buena Suerte, y que al adquirirla, lo ahorrado en ella podía usarse para donarlo a su Institución o comprarles libros. Les solicité una, y llegué a ahorrar el equivalente a US$3.00 (tres dólares), que compré en la sucursal principal del banco de Reservas, los cuales doné.

En la casa de la Isabel La Católica, teníamos una vecina llamada Maria. Era una señora Venezolana, de 90 años de edad, tenía rasgos físico de Indígena. Ella tenía una Pensión, y entre sus inquilinos, había un señor de muy avanzada edad, no supe su nacionalidad, pero lo observaba, tenía pelo blanco, barba copiosa y bigote, también blancos; era delgado y de alta estatura. Me enteré, de que ese señor era Rosacruz, cosa que me llamó mucho la atención, pués, en mi afán por descubrir y aprender, siempre estuve abierta a cosas nuevas.

Por lo que al leer sobre esa Entidad, y a pesar de que también había oído decir, que ellos no le daban participación a las mujeres, les escribí. Les decía en mi carta: Tengo dieciocho años de edad, y me inquieta darme cuenta, que entre algunas personas, mi comportamiento era tímido, y entre otras extrovertido. Me contestaron, diciendo: Que yo era una persona presta a la persuasión, y me invitaron a pertenecer a su hermandad. Lo medité, tuve la intención de aceptar, y de comprarles libros; pero luego me atemoricé, sentía que me adentraba mucho, que mi mente se iba fácilmente. No quise seguir incursionando en ese campo.

Mi mamá nos contó, que mi papá le dijo: Una vez una Gitana le leyó la mano, antes de ellos conocerse, y vio entre otras cosas, que él iba a morir partido en dos, cosa que faltaba por pasarle, pués todo lo demás, lo había visto suceder.

Mis padres eran católicos, y nos bautizaron a todos sus hijos, bajo esa religión. El admiraba a Jesucristo, y en ocasiones hablaba de Él con gran entusiasmo.

A mis diez años, mi mamá me preparó con unas religiosas, que vivían al doblar de mi casa, para hacer la Primera Comunión. El día que la hice, ella me puso un vestido blanco, apropiado, que había sido usado por una prima mía, en la suya. También unos zapatos blancos, que me mandó a hacer Luisa, con un zapatero del barrio, para ese propósito. Me compró una vela, y el librito de misa que se usaba. Una vecina, azuana, llamada Carmen, casada con un español, y con cuatro hijos; me hizo unos gajos en mi pelo, utilizando un molinillo. Al terminar la ceremonia, mi papá muy entusiasmado, me llevó donde un fotógrafo amigo suyo, para que me fotografiara. Aún conservo la foto.

Como a mi mamá le gustaba que fuéramos a la iglesia los domingos, con frecuencia yo me confesaba. Fui creciendo, y aunque ya no asistía, una que otra vez lo hacía para confesarme. De ahí me imagino, me nació la motivación, de ir a hablar con un cura, un día, después de haber estado jugando la Ouija, con mi hermana Eddila. Ambas, colocamos nuestras manos sobre el Cursor que va marcando las letras, para que los receptores puedan ir formando las palabras y poder leer lo que los Espíritus están transmitiendo. Ese Cursor se movía tan rápido, que llegué a pensar que mi hermana lo llevaba así expresamente, porque sólo ella podía leerlo, apenas yo pude leer algunas cosas. Luego, me di cuenta, que no era mi hermana, sino, la Corriente de ambas. Entre las cosas escritas, leímos lo siguiente: Soy Trujillo, estoy muy arrepentido de todo lo que hice. Luego, siguieron otras cosas las cuales no recuerdo, y por último, se escribió: Soy tu Papá, Mununa, Me gusta tu mente, repitiéndolo varias veces. Yo le dije a mi hermana ese no es mi papá, vamos a retirarnos. Lo hicimos de la manera que dice el juego debe hacerse. Esa noche no pude dormir, parece, me afectó lo sucedido; al día siguiente, le dije a una amiga de las que vivían en el patio de la casa, que me acompañara, y fuimos a la iglesia Don Bosco, la misma que frecuentaba cuando niña, allí hablé con el Cura, le conté todo lo sucedido con la Ouija, y él me respondió: Ese es un juego como cualquier otro, no le des importancia. No lo volvimos a jugar. El Trujillo al cual se refería la Ouija, fue un dictador que gobernó mi país en varios períodos, desde 1930, y finalizando a la hora de su muerte, en Mayo de 1961.

Cuando yo estaba sin trabajo, como de costumbre, ayudaba con los quehaceres de la casa. Una vez después de limpiarla, me senté en uno de los muebles de la sala, cosa que frecuentaba hacer. Como me gustaba ver el programa del Astrólogo Puertorriqueño, Walter Mercado, lo puse en el televisor. Esa tarde, el dijo lo siguiente: Coja una cadena, cerrada, con un dije colgando por un extremo, y sosteniéndola por el otro. Ya lista, se podía preguntar lo que se quisiera:

1) Si la cadena se movía de frente, desde la persona hacia adelante, quería decir SI.
2) Si se movía del lado derecho al lado izquierdo, era NO.
3) Si lo hacía de forma circular, POSIBLEMENTE.

Esa tarde, seguí las instrucciones, pregunté: Qué número va a salir el próximo domingo?, y empecé a contar desde el 1, la cadena se movía rápidamente de un lado hacia el otro, quería decir NO; así seguí hasta llegar al 100, en donde la cadena cambió su movimiento, empezó a hacerlo partiendo de mi hacia adelante, con gran rapidéz, queriendo decir SI. En ese procedimiento duré algunos minutos, pués volví hacia atrás repitiendo varios números, a los que volvía a decirme NO, al llegar de nuevo al 100, otra vez, me dijo SI aumentando su velocidad.

Terminada la sesión, me dirigí al patio, en donde se encontraba mi mamá y algunos vecinos, de los que habitualmente, se encontraban ahí. Les dije, muy jubilosamente: Jueguen el Cien, va a salir en primera; todos lo jugaron y se sacaron, porque ese domingo salió el 100 en primera. Mi mamá y yo no lo jugamos.

A veces tenía sueños confusos: En uno de ellos, vi el número 150, al día siguiente le dije a mi mamá lo de mi sueño, y mi interpretación: Quiere decir que va a salir en primera, en la Lotería Nacional, primero, el 15 y luego el 50. Así mismo sucedió.

También sensaciones extrañas: Una madrugada, acostados ya todos, sentí una mano que salió debajo de la cama, y me agarró fuertemente el muslo derecho. Más bien parecía la de un animal prehistórico.

Otra madrugada, tuve la sensación de que un Ratón me pasaba su lengüita por los labios, me sucedió en la misma cama.

Mientras trabajaba en una agencia de viajes, a mis diecinueve años, cursaba simultáneamente el cuarto año del bachillerato, en el Instituto Masónico, el cual estaba ubicado en la calle Arzobispo portes. Allí me hice bachiller en Ciencias Físicas y Matemáticas, en el año 1975.

Luisa, quien empezó a trabajar a sus quince años de edad, en el salón de belleza Fémina, el más grande de Santo Domingo, se encontraba en la Arzobispo Nouel, casi esquina Espaillat. Sus dueños eran españoles. Yo desde muy niña lo frecuentaba. La dueña, Doña Josefina, muy afanosa siempre con mi pelo, que teniéndolo muy rizo, ella me decía: Ese pelo tuyo, debes de llevarlo siempre bien corto, así te va a quedar lindo, solo tienes que lavártelo con Bonawell, no usar shampoo, entonces me regaló una raqueta, con esto te lo peinas. Y cada vez que iba a donde mi hermana, si ella se encontraba en el salón, me hacia el corte de pelo como ella quería. Cuando me lo recortaba mi hermana, el corte era con mucho mas pelo, quedándome más satisfecha.

Luego, Doña Josefina puso una sucursal, en el Centro Comercial Nacional, de la Avenida Veintisiete De Febrero esquina Abraham Lincoln. Allí trabajé con ella durante tres meses, recién haberme graduado de bachiller, a mis veinte años.

El dos de Noviembre de 1974 (en mi país, ese día es declarado, como día de los muertos), se casó Eddila, con Juan Taveras, quien había regresado al país hacía poco tiempo, procedente de Alemania, donde había realizado estudios de Violín. El pasó frente a mi casa, estando mi hermana sentada en la puerta, la piropeó. Ella dijo, en son de juego: Con ese me caso yo. El volvió, esta vez, fue a visitarla. Se trataron, se hicieron novios, y al igual que mis padres, a los tres meses se casaron. Miroslava y yo fuimos damas de compañía, desfilamos caminando, desde la casa de la Isabel La Católica hasta la Catedral, a una cuadra.

Recién haberme hecho bachiller, mis amigas nos invitaron, a Miroslava y a mí, a su casa de San Francisco de Macoris, donde todavía vivían sus papás. Era la primera vez que mi mamá nos daba un permiso de esa índole. Nos pasamos una semana, caminamos mucho, fuimos a un campito, llamado Bandera; también a los

Limones. Conocí a un Escultor, quien mostró interés, en hacerme una Estatua.

Siendo ellas creyentes de la Montadera, Leedera de Taza, de Cartas y demás, nos llevaron a un sitio, a donde una leedora de Taza, yo algo incrédula, les dije: Esa gente siempre dicen lo mismo, como de que tú tienes enamorados de diferentes colores, y yo quería me hablaran de que iba a trabajar y a ganar mucho dinero. Ya en el lugar, cuando la mujer me pasó la taza con el café, le dije: No me gusta tomar café, a lo que me contestó: Sólo haz un buche y bótalo, eso hice, pués me daba mucho trabajo, comer o tomar algo fuera de mi casa. Ella me dijo algo, que era mío en particular, no lo común que siempre decían, por lo que pensé y me di cuenta, había algo en ese mundo que era real, también, que cuando me casara iba a vivir en una casa chiquita, pero llena de amor, y mi esposo, siempre iba a estar detrás de mí, a la puerta yo fuera, el iba a ir detrás.

En Santo Domingo, un día conversando con Estela, le dije: Quiero tener un novio, porque tengo muchos enamorados, pero quiero uno que me guste mucho.

En esos días, yo estaba saliendo con un joven, al cual conocí, cuando estudiábamos en el Instituto Masónico, el siempre me visitaba, y conversábamos, una que otra vez salimos.

A principio de Septiembre de 1975, conocí a Fernando Salcedo.

Sucedió de una manera mágica:

Fue lo siguiente, una tarde mientras conversaba con Estela y su tía Tina, como la apodaban, escuché, que Estela le dijo a su tía: Que grande y buenmozo esta Fernando! lo voy a llamar por teléfono.

Como era costumbre en ella, con los muchachos que conocía, solo la oí y no le di importancia. Un día me comentó: He estado telefoneando a Fernando con el nombre de Cristina, y ahora él quiere conocerme. Su preocupación venía porque tanto Fernando como su mamá, la conocían, pués Tina, estaba casada con un primo de él, y vivían a unas pocas cuadras de distancia, en el Ensanche La Fé. Le agregó ella, ¿Cómo me hago?, a lo que rápidamente le contesté: Yo soy Cristina! No te preocupes. Luego, estando en la casa de la Isabel La Católica, recibí una llamada suya, en el teléfono de Doña Maria, que era el que usábamos, pués a mi hermana no llegaron a instalarle el que había solicitado desde que se mudó a esa casa. En la llamada me decía: Fernando y yo nos citamos en casa de mi tía Tatica, va a ser mañana, esa tía vivía en la calle Salcedo, a unas cuantas casas de la Padre Garcia. Esa misma tarde operaban a una prima mía, de Lordosis y Escoliosis (ambas, desviaciones en la Columna Vertebral).

Mi prima y su mamá habían llegado hacía algunos días, procedentes de la Isla de Curazao, donde vivían y siguen aún viviendo. Entonces mi tía me pidió, me quedara a dormir esa noche, en la clínica con Sobeyda y yo acepté.

Llegado el día del encuentro, yo vestía una minifalda pantalón, color blanco, y una blusa roja con puntitos blancos (a ese tipo de diseño, en mi país se le llama, arroz con coco), al llegar al lugar, lo encontré a el, parado en la acera, frente a la casa, vestía pantalón largo negro, y una camisa mangas largas, pero dobladas hasta los codos, color azul marino, y le dije: Hola! Soy Cristina, al mismo tiempo que le extendía mi mano derecha, la cual el estrechó con la suya. Como tenía compromiso con mi tía para con mi prima, se lo hice saber. Así que le dije, encantada, me tengo que ir.

Dos o tres días más tarde, estando aún en la Isabel La Católica, recibí otra llamada de Estela, en la que me decía: Fernando va para allá, corrí a mi casa, me di un baño rápido, y mientras me cepillaba los dientes, oí el timbre de la puerta sonar, y vi a uno de los inquilinos de mi hermana que se dirigía a abrirla, entonces le dije: Si te preguntan por Cristina, soy yo. Así fue, el lo invitó a pasar, y mientras me esperaba en la sala, terminé mi cepillado, y como ese día me había lavado la cabeza, tenía rolos puestos, crucé el pasillo sigilosamente, hasta mi dormitorio, donde completé el arreglo.

Al llegar a la sala, lo saludé, y me senté en un sillón frente a el. Le pregunté, cómo había llegado tan rápido, a lo que me contestó:

Vine en bicicleta, le dije: ¿Dónde la dejaste?, te la pueden robar, el me contestó: La puse en el zaguán, asegurándola con una cadena y un candado. En eso, oímos el sonido de una maraca al caer al piso, seguido del gemido de un niño llamando la atención. Le dije: Es mi sobrinito Grégory, tiene tres meses de nacido, y fui a buscarlo a la habitación, lo llevé conmigo a la sala y lo senté en mis piernas. La visita terminó y él se marchó.

Al día siguiente volvió Estela a telefonearme, me dijo: Fernando te va a llamar. No había pasado cinco minutos, cuando me avisaron de nuevo que tenía una llamada en línea, volví, era Fernando, cuando lo saludé me dijo: Que rara tienes la voz; porque era mucho el contraste, de la voz que el escuchaba por teléfono, a la mía, que oía por primera vez. Acto seguido me dijo: Espera un momento, mientras esperaba, empecé a escuchar la canción "Jamás", del cantante español Camilo Sesto. Cuando volvió al teléfono, se me declaró, diciéndome: Quiero que seas mi novia, a lo que le respondí: ¡Tan pronto!, y me dijo: Yo no quiero ser tu amigo, me dices que si o me pierdes. Le dije: Voy a pensarlo, te devolveré la llamada. En realidad, me sentía tan flechada como él, y todo lo que hizo alrededor de la declaración me encanto; pero me sentía comprometida con mi amiga, a la que creí prudente avisarle. La telefoneé y le dije: ¿En qué lio me has metido?, Fernando quiere que yo sea su novia, ella me dijo: Dile que sí; sin pérdida de tiempo lo llamé, parece que estaba ansioso esperando mi respuesta, por lo que cuando cogió el puño del teléfono, escuché que lo dejó caer al piso; cuando lo tomó de nuevo, le dije: Si, acepto.

Días después, Tina me avisó que él había tenido un accidente, me dijo: Estaba como loco, dobló la esquina en su bicicleta, rapidísimo, y un carro lo chocó. Fui con mis amigas y Miroslava a verlo a la clínica, donde lo internaron, y luego, a la casa, cuando le dieron de alta. Se había fracturado una pierna, la cual le inyesaron y caminaba sosteniéndose en dos muletas. Le pusimos nuestros nombres en el yeso, a petición suya.

Yo estaba desempleada en ese entonces, pero quería empezar a trabajar, por lo que hablé con Doña Mafalda, ella era mamá de Juan

Alfonseca, quien a su vez era el papá de mi sobrino Pavel, el hijo mayor de Emma, y el único que había nacido hasta ese momento. Era también hermana del dueño de la Panificadora Pepin (la panadería mas famosa que había en Santo Domingo), quise me recomendara allí. Ella me dijo: Voy a hablar con mi hermana Margot, es quien está al frente del negocio. Después de pasar varios días, me avisó que su hermana quería hablar conmigo, me dirigí a la Panificadora Pepin, y después que conversamos, me empleó. Ese trabajo me convino doblemente, primero: satisfacía mi necesidad de ganar dinero, y segundo: porque por estar ubicado en la avenida J.F. Kennedy, casi esquina Barahona, se encontraba a un "Paso" de la casa de Fernando, por lo que se me facilitaba ir a visitarlo.

Cuando nos presentamos, él me dijo tenía dieciséis años, a lo que Tina luego me dijo: Mentira! acaba de cumplir los quince, hizo una fiesta en su casa para celebrarlo. Y yo le dije: El es lindo, pero es un niño.

Una tarde al salir de mi trabajo fui a su casa, por primera vez; noté que se puso contento al verme, y en seguida, me tomó de la mano y me llevó a su dormitorio, donde me desnudó, también él se desnudó, y fuimos a la cama, encontré que lo hizo con mucho desenvolvimiento, y yo también, a pesar de ser mi primera vez, no me puse nerviosa.

En esa visita, ya estando en la cama, le dije: Espera, te voy a hacer una Cruz, se la hice a besos: Empecé en la frente, siguiendo con la nariz, luego las mejillas, la barbilla, y terminé en la boca. Siguieron nuestros encuentros en su casa, siempre el mismo ritual.

Cada vez que llegaba encontraba a su tia Mercedes en la casa, ella era quien cuidaba de el y su hermano Rafaelito, mientras su mamá se encontraba viviendo en Puerto Rico.

Siempre muy cariñoso, íbamos por las calles abrazados o agarrados de la mano.

Me contó: Estaba estudiando en Artesanía, en la avenida San Cristóbal, también, estudiaba inglés. Ya yo había sabido, que su mamá le estaba haciendo su residencia, y que había pasado un año, justo cuando nos conocimos, por falta de un documento lo rechazaron, poniéndole cita para dentro de un año más; tiempo suficiente para que estuviéramos nosotros juntos, antes de él irse.

El estuvo rodeado siempre de personas maduras, o sea, de mucho más edad que él, a quienes les gustaba tomar alcohol, por lo que a su corta edad, fumaba y tomaba. Naturalmente, también tenía amigos de su edad, entre los que se encontraba José, lo conocí como su mejor amigo.

En la escuela de arte donde el estudiaba, le pagaban RD$40.00 al mes, además de aprender un oficio, era la mitad de lo que yo ganaba en la Panificadora Pepin. Esa institución era gubernamental.

En uno de nuestros encuentros, nos fuimos juntos, hasta montarnos en un carro público, yo me desmonté en la avenida 27 de Febrero con Barahona, y él siguió, pues iba a sus clases de inglés.

En otra ocasión que fui a su casa, estaba junto a él sentado en la sala, un señor, nos presentó muy jocosamente, de la siguiente manera: A él le dijo, ella es mi pretendida, y a mí, él es el abogado que nos va a divorciar a nosotros. Luego de un rato conversando, cuando me marchaba, le pidió a su amigo, me dieran una "Bola" hasta donde yo coger el carro público.

Una tarde me dirigía a casa de Tina, a veces nos encontrábamos ahí también, y me encontré con Rafaelito su hermano, nos saludamos, y acto seguido me preguntó: Cómo Fernando te conoció?, le respondí: por medio a Tina, y continué mi camino.

Al llegar a donde iba, después de tener un rato en la casa, llegó Fernando, con su amigo José y una niña de aproximadamente 6 años de edad, me dijo: Esa es mi hermanita, la cual se sentó en el piso junto a los niños de la casa, quienes estaban viendo muñecos animados en el televisor.

José se sentó en un sillón y Fernando, procedió a sentarse en el sofá, a mi lado. Mientras el gozaba con el programa de televisión, yo le acariciaba su espalda, y le levante el pelo, para chequearle el nacimiento. El me dijo: Tengo harina en la cabeza, porque ayer era día de San Andrés, y yo estaba en el Conde con una pistolita de agua, salpicando a las muchachas, y ellas me echaron harina, todavía no me he bañado, eché una carcajada y le dije: No estoy viendo eso. Fue un día antes de cumplir mis veintiún años.

El veinticuatro de Diciembre de ese año, empecé a trabajar a las siete de la mañana, y en vez de ocho horas, como de costumbre, nos pidieron a mi compañera de mostrador y a mí, nos quedáramos hasta las siete de la noche. Llegada esa hora, era tanta la gente que había en el lugar, que Doña Margot nos pidió, nos quedáramos tres horas más, o sea hasta las diez. Dicho sea de paso, no nos las pagó, a pesar de que Pepin el dueño, le dijo lo hiciera.

Llegué a mi casa, me di un baño, mi mamá ya había servido la cena, y cené, luego fui a compartir con la gente del patio; pasaban las once de la noche, cuando mi mamá me dijo: Mununa, te llaman por teléfono, yo acudí a la llamada, era Fernando, me dijo: Voy para allá, le respondí: A que no te atreves!, sabiendo era una negativa, pero preferí fuera así, para persuadirlo de que no lo hiciera. Entonces él me dijo: Pues ven tu para acá, le dije: Es muy tarde, me contestó: Ven, te voy a esperar. No sé cómo le hice, pero salí sin tener inconvenientes con mi mamá. Salí en dirección a la casa de Fernando, pero me pasó algo muy curioso, en véz de llegar a su casa, llegué a la de Tina, me senté, y ahí estuve un buen rato, no se me ocurrió ni siquiera telefonearlo, es como si todo se me hubiera borrado de la mente, luego, fui a mi casa de nuevo. Y lo más curioso aún, nosotros nunca tocamos ese tema.

A pesar de todo nunca llegamos al coito. Pero una tarde, fue tal su entusiasmo, que dejó de hacer el recorrido acostumbrado, manteniéndose en la misma posición, horizontal, por lo que me vi precisada a agarrarle el pene, previniendo llegáramos a lo que en ese momento no debíamos, sabiendo yo los problemas que tendría con mi mamá si quedaba embarazada, además, de no sentirme inclinada para ello en ese entonces.

En otra ocasión, al llegar a su casa, lo encontré sin camisa y descalzo, sólo vestía un jean largo. Entramos a la habitación, y momento seguido, llegó su hermano, golpeó fuertemente la puerta y cuando Fernando la abrió, le dió un manotazo en el pecho, parece estaba furioso, entonces fuimos los tres y nos sentamos en unas mecedoras que habían en la parte de atrás del dormitorio, empezamos a conversar y el humor cambió, nos reímos y pasamos un buen rato.

Una tarde fui donde Tina, al poco rato, él llegó con su tío Juan, uno de sus compañeros de bebida, se sentó a mi lado, me abrazó, yo le agarré su mano y le acariciaba sus dedos con mi mano izquierda, poniéndole la derecha sobre su muslo izquierdo. Su tío se sentó en un sillón próximo a él, y le preguntó: ¿Tú la quieres?, él le respondió: Yo estoy "Asfixiado" de esa mujer, sonrojado y con una amplia sonrisa; el tío le dijo: No te estoy preguntando si estas asfixiado o no, te pregunto, ¿si la quieres?, Fernando contestó: Si. Luego nos levantamos y caminamos hacia el pequeño patio de la casa, nos recostamos de una mesa colocada frente al baño, el deslizó su mano sobre mis glúteos, y el tío bromeó, muy amenamente.

Una noche, salimos juntos, yo iba para mi casa, y él quiso acompañarme; caminamos por la avenida San Martin, hasta llegar a la avenida Veintisiete de Febrero, que justo terminaba en esa esquina y empezaba la calle Teniente Amado Garcia Godoy, poco tiempo después, fueron unidas. Ahí nos detuvimos, y me dijo: Voy contigo para tu casa, yo al igual que la vez anterior, le dije: A que no te atreves. Mi respuesta lo desanimó, a lo que respondió: Me voy, dirigiéndose en sentido contrario; lo agarré por un brazo, diciéndole al mismo tiempo: Ven, vamos, hizo un gesto negativo con su cabeza, y siguió su camino, en dirección contraria a mi casa.

Me sentía alagada por su deseo de ir a mi casa, pero en mi interior no lo deseaba, pués, había mucha negativa a nuestro alrededor, con la misma gente por medio a las cuales nos conocimos, lo que hacía más difícil la situación con mi mamá.

Sumándose el hecho de ser el tan joven; cómo le decía yo a mi mamá?: Este es mi novio; un adolescente de quince años.

Mi horario de trabajo era alternado, un día empezaba a las siete de la mañana, y terminaba a las tres de la tarde, al día siguiente, comenzaba a las once de la mañana, hasta las siete de la noche. El jueves lo tenía libre, y el domingo, trabajaba hasta las doce del medio día.

Una tarde recibí una llamada de Fernando: Voy esta noche a buscarte. Llegada la hora, salí del establecimiento relojié hacia los lados, sin verlo, cuando miré hacia la acera de enfrente, lo vi recostado de un muro que pertenecía a un establecimiento comercial. Crucé la calle, llegué donde él, lo saludé con un beso, y empezamos a caminar, doblamos la avenida Máximo Gómez, y al llegar al Centro Olímpico Juan Pablo Duarte, entramos, y estuvimos un rato dentro del parque, luego nos marchamos.

El momento de su viaje se acercaba, pero nosotros nunca hablábamos de eso.

Un día Tina me dijo: Fernando se fue para Puerto Plata (pueblo al Norte de Santo Domingo), con una prima, regresarán en tres días. Se fueron Miércoles, por lo que calculé, para el Sábado ya él estará de vuelta. Llegó el Sábado, y al salir de mi trabajo, a las tres de la tarde, fui a donde Tina, a esperarlo, pués no quise ir a su casa, para no encontrarme con su prima. Estuve parte de la tarde, y toda la noche esperándolo, y no llegó.

Mientras lo esperaba, llegó un amigo de la familia, y estuvo todo el tiempo piropeándome, hasta llorando me dijo, se iba a divorciar de su esposa, para casarse conmigo. Juancito, primo de Fernando, estaba presente.

Al día siguiente, domingo, salí de mi trabajo, llegué a mi casa, alrededor de las doce y treinta. Me puse a lavar mi ropa, mientras lo hacía, recibí una llamada de Tina: Aquí está Fernando, en el colmadito de alante, tomando cerveza con la mujer y Juancito, quien era hermano de ella.

Contestándole yo: Ponme a Fernando al teléfono por favor, ella fue por él, y cuando él tomó el teléfono, le dije: ¿Cómo tú me haces eso?, tenías que saber que Tina me lo iba a decir, ¡eso no se hace!, y como estaba tan molesta, sin darle la oportunidad de responderme, colgué el teléfono.

Al día siguiente, Tina me dijo, que él comentó: Total, ella es la mujer que yo quiero.

Perdimos toda una semana, pués no volvimos a vernos. Pero como yo sabía él se iba a Puerto Rico el siguiente Sábado, al salir de la Panificadora el Viernes a las siete de la noche, me dirigí a su casa, al llegar al frente, lo vi salir muy contento, parece me estaba esperando, y señalando con el dedo índice en dirección hacia donde Tina, me dijo: Espérame allá, yo sin decir nada, seguí caminando hacia donde él me indicó. Cuando pasaba frente al colmado, antes de llegar al callejón donde se encontraba la entrada a la casa, vi a Fernando y a un señor, ambos sentados, cada uno en un banco, con un vaso de cerveza en la mano, me dijo: Ven, tomaté un trago, me sentí avergonzada y él lo notó, entonces, continuó: No importa, tú estás conmigo, me tomé el trago de cerveza, y me pasé la lengua por mis labios, lo que el repitió, sonreído y en forma de relajo. Acto seguido, le dijo al amigo: Caballero, dale la dirección. Caballero tomó la bolsa de papel manila donde se encontraba la cerveza, y ahí me anotó su dirección de Rio Piedra, Puerto Rico. La tomé y coloqué en mi cartera. También Fernando le pidió al amigo, me llevara la mañana siguiente, con ellos al aeropuerto, a lo que le contesté: Tengo que trabajar.

Su viaje lo realizó a mediados de 1976. Yo sin pérdida de tiempo, teniendo su dirección conmigo siempre en la cartera, le resté importancia a cómo había sido nuestra despedida, y a los pocos días de él haberse ido, le envié la primera carta.

Sin recibir respuesta de la carta enviada, en Diciembre de ese mismo año, le envié una tarjeta navideña, como lo hice con la carta anterior, le imprimí mis labios pintados color rosa, y la perfumé. Pasaron varias semanas, cuando una tarde recibí una llamada de Tina, me decía: Aquí está José, vino a traerte una carta que te envió Fernando, José tomó el teléfono, y le dije: Déjamela con Tina, porque no puedo ir ahora para allá, él me respondió: No, ven, porque te la quiero entregar en tus manos, le dije: Muy bien, espérame. Dejé lo que estaba haciendo, y salí para allá, cuando llegué ya José se había ido, y la carta me la entregó Tina.

Al leerla, me gustó mucho, porque, 1) Era la primera respuesta suya, que recibía desde que se fue, y 2) Como de costumbre, él era tan original y sincero, que me escribió lo siguiente: Tengo un Jumo del Diablo, y no te puedo sacar de mi cabeza. También la conservé dentro de mi cartera, junto a la dirección.

A principio del año 1977, le escribí la segunda carta, y luego, para el día de San Valentín, le envié una tarjeta, a la cual le dibujé un corazón con una flecha atravesada con nuestros nombres. Más adelante, le escribí la tercera y última carta. Me sentía muy desconcertada, ya que no tuve más noticia de él, solo la carta que me envió con su amigo.

Supe que llegaba al país, al año de haberse ido, por medio a Tina. Una de las cosas que me incomodaba, era que no lo supe por él directamente, porque pensé, que con mis cartas, iba a conseguir, nos comunicáramos sin intermediarios.

Llegó el día de su llegada a Santo Domingo, fui a la casa de nuestra amiga, donde él se encontraba, y su recibimiento no fue cálido, sólo me dijo: ¡Que linda estás!, para mi no fue suficiente, y descargué la molestia que tenía, diciéndole: No vamos a seguir siendo novios, te escribí tres cartas y dos tarjetas, recibiendo sólo una carta de tu parte.

También agregué: Tú no sabes nada de mí, yo no sé nada de ti. Me respondió: No termines conmigo, y luego: Pues yo no termino contigo, tú te puedes casar y tener hijos grandes, y yo seguiré detrás de ti.

Me retiré, porque sus palabras no fueron las que en ese momento hubiesen hecho que todo se arreglara entre nosotros. Aún así fueron esperanzadoras, por lo que pensé, en poco tiempo íbamos a estar juntos de nuevo.

Había pasado alrededor de tres meses, cuando estando yo en la cocina de mi casa, en la Padre Garcia, me encontraba fregando los trastes de la comida, y recuerdo, vestía un pantalón corto y calipsos, oí que alguien me llamó desde el patio, al salir, vi a Fernando, con una camisa de cuadros, mangas cortas, había llegado con Tina, quien fue la que me llamó. El al verme, de inmediato sacó una fotografía del bolsillo de su camisa, y me dijo: Mira, esa es mi novia, tomé la fotografía, tamaño 2x2, la vi, era una joven pelo rubio, peinaba un moño pequeño al centro de su cabeza; sin hacer ningún comentario, se la devolví, y volví a mis quehaceres dentro de la cocina.

Días después, Tina volvió a donde sus parientes, y desde el patio me voceó: Se fue para Atlanta, donde está viviendo ahora.

Pasó el tiempo y no supe más de él.

Doña Maria, nuestra vecina de la Isabel La Católica, me tenía mucha confianza, y cuando necesitaba hacer alguna carta, me pedía se la hiciera, pués por su avanzada artritis, no podía escribir. Ella me contó, que el Hostal Nicolás De Ovando, ubicado entre las calles: Las Damas y La Atarazana, en la zona Colonial; anteriormente con el nombre de Hotel Las Américas, había sido de su propiedad, en donde se hospedaban grandes figuras de la política dominicana, como lo fueron: El Dr. Francisco Peña Gómez, y El Dr. Juan Bosch, entre otros.

Una vez ella me pidió, le escribiera a Juan Bosch, solicitándole un andador que ella necesitaba. Le envié la carta a su dirección de ese entonces, de la calle César Nicolás Penson número 60; y cuando la recibió, ni corto ni perezoso, envió a su esposa, Doña Carmen, con el aparato.

En esa pensión vivían algunos muchachos procedentes de Higüey, al igual que en la casa de mi hermana, que aunque, sin ser pensión, ella tenía rentada algunas habitaciones; ellos eran estudiantes universitarios.

También al lado vivía Enrique Mejía, un Sr. Pianista, al cual visitaba su sobrino, un joven rubio con los ojos azules.

Después de un tiempo de haberme hecho bachiller, decidí ir a la Secretaría de Educación, a buscar mi Diploma, y un joven de apellido Familia, que vivía en San Carlos, me dijo: Sólo estamos entregando los Diplomas a personas que se van de viaje al extranjero; esa respuesta la oí, pero me pareció muy extraña. Cuando me marchaba del lugar, me encontré con el sobrino del Sr. Mejía, quien trabajaba en esa Secretaría. Le expliqué lo sucedido, y me dijo: No, eso no es así, yo te lo voy a hacer, y en pocos días ya me lo tenía listo y me lo entregó.

En la calle José Gabriel Garcia, esquina Sánchez, quedaba la Barra Marchena, famosa por el Mabi que hacía Don Tito, propietario de la misma. Don Tito y Doña Aurora eran los padres de Máximo, el esposo de Marjorie. Entre los años setentisiete y setentiocho, a la muerte de ellos, Fafo, uno de los hermanos de mi cuñado, quien vivía junto a su esposa en Nueva York, Estados Unidos, le pidió a mi cuñado, le remodelara el negocio, pués pensaban pasarse un tiempo en Santo Domingo, y querían probar suerte. Mi cuñado le hizo la remodelación a la barra, con una decoración apropiada para la época. Su hermano y esposa trataron un tiempo, pero parece ser que no se sintieron a gusto, por lo que se regresaron de nuevo a Nueva York, quedando mi cuñado al frente del negocio. Ahí trabajé unos meses, y mi hermana menor, en una tiendecita miscelánea que puso mi hermana mayor, en la parte de atrás del local, teniendo la puerta de entrada y salida del lado de la calle Sánchez. Aníbal, hermano mayor de mi cuñado, me enseñó el desenvolvimiento de la barra, así como las medidas de las batidas que allí se hacían, y las hamburguesas, que por cierto las preparaba muy buenas.

Marjorie, además del servicio doméstico que tenía en la casa, contrató a una niña de diez años de edad, para jugar con sus niños. Su nombre era Dioni, ella le pagaba estudios en el mismo colegio donde estudiaban sus hijos.

Como el negocio quedaba cerca de la casa, la niña a veces llevaba una u otra cosa que mi hermana le solicitaba. Una de esas veces ella fue y yo no me encontraba; cuando nos vimos, me dijo: Aquí vino un muchacho, mas buenmozo!, me preguntó por ti, y yo le pregunté: ¿Me dejó dicho algo?, me respondió: No. Me elevé y bajé rápidamente. Recordé, que días atrás, había pasado por la esquina, subiendo por la calle Sánchez, su amigo José, y nos saludamos.

De la Barra Marchena, pasé a trabajar a Musicalia, donde sólo duré dos semanas. Ese trabajo lo conseguí por medio a mi hermana Luisa, como también mi primer empleo, en la Casa Funcia; pués, ella tenía buenas relaciones con las clientas que iban al Salón Fémina.

Musicalia es un negocio de venta de discos, se encuentra en la calle Conde esquina Espaillat.

En la visita que mi primo Bob nos hizo en Febrero de 1978, reunidos todos en casa de mi hermana Eddila, él nos dijo: Voy a conseguirle una visa de estudiante a Mununa, para llevarla conmigo a Massachusetts. Dirigiéndose a mi cuñado Juan, dijo: Para que nos lleve mañana a solicitar el pasaporte y luego la visa. A mí me dijo: Podrás trabajar como Azafata y ganar US$800.00 al mes. Mi primo no hablaba español, y necesitaba un intérprete. Al día siguiente, fuimos a la oficina de Pasaportes. Ya con el pasaporte conseguido, mi cuñado concertó cita en el Consulado de los Estados Unidos.

Llegado el día de la cita, fuimos al lugar, pero la Visa me fue negada.

En el año 1979, en el mes de Agosto o Septiembre, hubo un Ciclón muy fuerte, al que nombraron David. Al pasar la Tormenta, la cual dejó mucha destrucción, íbamos caminando por la calle el Conde, mi hermana, su esposo, Luisito su hijo mayor, quien tenía en ese entonces ocho años de edad, y yo. Al pasar por la cuadra frente al parque Colón, vimos un letrero de tamaño no pequeño, perteneciente a uno de los negocios del lugar, tirado en el piso con partes rotas, uno de sus vidrios se le introdujo a Luisito en un pie, a pesar de el tener zapatos con suela puesto. Fuimos rápidamente al hospital Padre Billini, que como ustedes ya saben, nos quedaba cerca; al pasar a emergencia, el médico de turno, con un bisturí le removió la herida, lo hizo profundizándole, quería saber si había residuos del vidrio dentro; mientras lo hacía, salía mucha sangre de su pie, tanta que yo casi me desmayo. Pasó ese acontecimiento y Luisito se recuperó.

En ese mismo año, en el mes de Octubre, estando desempleada, pensaba: Donde ir?, para solicitar trabajo, entonces, oí en mi oído más interno, una voz, como si saliera de mí misma: Enrique Mejía. Hablé con él, le manifesté mi deseo de empezar a trabajar, él me contestó: Te voy a avisar. Había pasado alrededor de dos días, cuando me dijo: Tengo pensado para ti tres trabajos buenos, pero quiero llevarte al mejor. Al día siguiente, me tocó la puerta, y me dijo: Prepárate, mañana vengo a buscarte, te voy a llevar donde mi amigo Antonio Cuello, él es Presidente y Accionista Mayoritario de la Editorial Duarte. Hablé con él y me dijo te llevara, que ahora mismo no tiene vacante, pero te va a colocar en el departamento de Tarjetería, con el sueldo mínimo, que son RD$125.00 al mes, con posibilidad de ascender. Agregó: Además, te queda a menos de cinco minutos de aquí. La Editorial Duarte quedaba en la calle Arzobispo Meriño esquina Mercedes.

El próximo día, en la mañana, fuimos al lugar, el me presentó ante el Profesor Antonio, como le decían, y se marchó. El profesor le indicó a su secretaria, llamada Georgina, me diera un formulario, para yo llenarlo. Tan pronto terminé se lo entregué, y ella me dijo, me avisaría.

Yo le anoté el número de teléfono de mi hermana Luisa, quien estaba embarazada de su primer hijo, que nació en Noviembre de ese mismo año, y a quien le puso como nombre, Carlos, por mi abuelo materno. Ella vivía en la calle Hostos, a pocas cuadras de la Isabel La Católica.

A los pocos días, Luisa me avisó: Te llamó la secretaria de la Editorial Duarte, dice que te presentes mañana por la mañana. Al llegar me recibió un hijo del Profesor, quien era el administrador, él a su vez me presentó con el auditor, Humberto. Luego, bajamos al departamento de tarjetería, donde conocí a Chichí, con quien iba a trabajar, y el cual era hijo de un jamaiquino, al igual que yo.

La empresa tenía los siguientes departamentos: El de papelería y efectos de oficina, librería y el de tarjetería; también tenía la imprenta, la cual estaba funcionando sólo con tarjetas de invitación. En mi departamento no había mucho que hacer, por lo que Chichí, que había estudiado contabilidad, pidió lo trasladaran a ese departamento. A mí se me acercó el administrador un día, y me preguntó: ¿Cómo es tu letra?, le respondí, haciendo un gesto con la cara y la mano al mismo tiempo: So So; él me dijo: Necesito que subas a la oficina, para que pases el inventario a los libros, lo estuve haciendo por varios años.

A los pocos meses de trabajar en tarjetería, me trasladaron al departamento de la caja registradora, desde ese entonces, trabajé como cajera hasta el final.

No había pasado mucho tiempo de haber entrado a la empresa, cuando Georgina me dijo, refiriéndose al administrador: El tiene treintitres años de edad, hace poco tiempo empezó a trabajar aquí, pués vivía en Italia, en donde hizo un doctorado en Ingeniería Nuclear.

Desde mi departamento, tenía contacto con todos mis compañeros, con los que me llevaba muy bien. A Humberto, le gustaba mucho fotografiar, por lo que, cuando nos reuníamos, en ocasiones especiales, llevaba su cámara y no vacilaba en tomarnos fotos.

Eduvigis trabajaba en el departamento de libros, tuvo muchos años con el Profesor. Ella era una profesora jubilada.

Después de varios años en ese lugar, empezaron mis dolores de cabeza, anteriormente, en dos o tres ocasiones tuve una fuerte migraña, pero en ese entonces, me dolía todos los días. Le pedía calmantes a Chichí, y él me decía: Chequéate la vista, Gladys, puede ser que tengas problema.

A finales de 1979, me inscribí en la Universidad Autónoma de Santo Domingo (UASD), hablé con Gabriel, empleado de esa institución y amigo de mi hermano Leonardo. Le solicité me consiguiera un crédito educativo, para que me fuera fácil pagarlo; él me lo consiguió por medio al encargado de Crédito Educativo, un señor llamado Bosco.

En ese momento, sólo me dejaba llevar. Una tarde al salir de mi trabajo, me monté en una guagua (autobús), que se dirigía a la UASD, no pedí parada donde debía de hacerlo, y cuando me di cuenta, ya estaba en el control, punto final de las guaguas, ahí me quedé hasta que el chofer saliera de nuevo a hacer su ruta; afortunadamente, no se tardó, y yo volví de regreso a mi casa.

Una noche al salir de la universidad, estuve esperando el medio de transporte por mucho tiempo, y al no llegar, empecé a caminar a través de un parque; mientras lo cruzaba, me asaltaba a la mente, pensamientos como: Si hay algún maniático aquí, o sobre algún árbol, y se me tira encima. La caminata se me hacía interminable, sobre todo por la obscuridad que había. Al salir al otro lado, me encontraba mucho más lejos del trayecto a mi casa. Luego me di cuenta de que se trataba del parque Mirador Sur, seguí caminando, hasta llegar a mi casa.

Hablé con mi tía abuela, Carmen Cristiana Vidal Daal, quien una vez me pidió me fuera a vivir a su casa, le dije: En esta ocasión, quiero hacerlo. En su casa estuvo viviendo un sobrino suyo, quien era también, primo hermano de mi mamá; él fue Director de un hospital, en el Estado de Nueva York, por mucho tiempo, al enfermarse, se retiró a Santo Domingo, quedándose a vivir en casa de mi tía, hasta su descenso. Ella conservaba algunas de sus pertenencias, entre las que se encontraban dos batas blancas, que él usaba en su tiempo de médico; me las regaló, para yo usarlas en mis prácticas de laboratorio.

Yo estudiaba en el Colegio Universitario (CU), que es el Preámbulo de la carrera que se fuera a escoger. Entre las materias impartidas, estaba la Sociología, cuya profesora se nos presentó, como la sustituta de la principal, que al parecer se encontraba haciendo un Post Grado, en otro país. Ella nos encomendó hacer un trabajo sobre la Evolución. Hice el mío, guiándome por un compendio sobre la "Evolución del Hombre", que había comprado allá, recomendado por la misma profesora, y con la ayuda de mi diccionario Larousse. Lo entregué, y no volví a clases, solo duré un mes en la universidad.

Pasé un tiempo más viviendo en casa de mi tia. Su dirección era: avenida Pasteur número siete, a menos de una cuadra de la avenida George Washington, en donde está el Malecón, frente al Mar Caribe.

La casa tenía dos matas de mango, una en el patio de atrás, la otra, en la parte de alante, por la entrada vehicular; esa tenía ramas que colgaban hacia la calle, motivando a los muchachos que pasaban por el frente, a tirarle piedras a los mangos, para tumbarlos; esa situación ocasionó que mi tía mandara a cortarla, por ser una molestia para ella. Esos mangos eran sabrosos, grandes, dulces, jugosos, y había todo el año.

Mi tía tenía un sobrino nieto, al igual que yo, a quien ella, entre otras cosas, le pagó sus estudios universitarios, su esposa, quien quizás por ese motivo, se sentía con cierto derecho en la casa, haciendo que mi tía, un día molesta, dijera: Ella va a ser la causante de que yo venda mi casa. Mi tía Carmita no tuvo hijos, se divorció a la edad de treintinueve años, y no quiso volverse a casar. Yo dormía en una habitación contigua a la de ella. Una noche tuve un sueño: Vi a la esposa de mi primo, recostada del marco de la puerta de mi aposento, y me decía: Ahora es que tú vas a pasar, a ver si es verdad que tienes Fé en Dios.

En una ocasión, Miroslava estaba presentando problemas depresivos, y yo fui a hablar con el Padre Severino, al cual ya yo conocía; él vivía en el Seminario Menor, le expliqué la situación, y me dijo estar dispuesto a recibir a mi hermana, para conversar con ella, cosa que no conseguimos, pués mi hermana se negó a ir donde él. Cuando me marchaba, me encontré con un señor que se dirigía hacia su carro, en el parqueo del Seminario, al verme, me saludó, y me preguntó si quería me diera una "bola", hasta la línea de carros públicos. Acepté, íbamos conversando, me contó: Su nombre era Orígenes, y en esos días viajaría a Roma, Italia, para recibirse como Cura.

Después de haber pasado un tiempo, estando en casa de tía Carmita, hice una llamada a la Catedral, quería saber si Orígenes había regresado al país, desde Italia; efectivamente, había regresado, ya era Cura, y pude hablar con él.

Mi tía vendió la casa, por RD$100, 000.00, los cuales le pagaron de la siguiente manera: RD$75, 000.00 y los RD$25, 000.00 restantes, en su equivalente en dólares. Ella compró un certificado de inversión en un banco local, por los RD$75, 000.00, luego alquiló un apartamento, en la misma calle.

En el año 1981, Emma me regaló unos libros, entre los que se encuentran: "Cumbres Borrascosas", escrito por la inglesa Emily Brontë. Una novela remontada al año 1801, a pesar de que ella nació en el 1819. Y "Levantando la Cortina", por Rodolfo

Benavides (quien fuera minero). Me los dedicó de la siguiente manera:

Primero, fechado: 24/5/81

Gladys
1)
Creo que este es el tipo de lectura que a ti te gusta.
2)
Tal vez en este libro encuentres el porqué de tu Sonambulismo.

Mi cuñado Máximo, le solicitó a Fafo su hermano, quien ya estaba de vuelta en los Estados Unidos, le diligenciara una visa de residencia, por medio a un permiso de trabajo; su hermano se la consiguió, y a los dos años, mi cuñado se encontraba en Nueva York.

De inmediato empezó a gestionar la de mi hermana y sus tres hijos nacidos hasta ese momento.

A principio de 1982, al salir de mi trabajo, llegué a la casa a eso de las seis y cinco minutos de la tarde, caminé hacia la cocina, de inmediato escuché el timbre de la puerta, me dirigí hacia ella, le puse la cadenita como de costumbre, y a través de la abertura, vi que se trataba de Fernando, proseguí, quitándole la cadenita y abriéndola por completo. El vestía pantalón largo, negro, chacabana blanca, mangas cortas, y zapatos negros; yo, aún con mi uniforme. Empezó a caminar a través de la sala, hacia el balcón, mientras me decía: Ven a ver, yo iba tras él, mi hermana se encontraba sentada en la sala, leyendo el periódico, y me dijo: Mununa, la gente se presenta. Sin contestar nada, seguí caminando, al llegar al balcón, él, señalando con su dedo índice, en dirección a la calle Luperon, me dijo: Esa que está en ese carro blanco, en la esquina, es mi mamá. Acto seguido, se volteó, caminando, esta vez hacia la puerta de salida, yo seguía tras él sin decir media palabra; al llegar a la puerta, me quedé parada en el umbral, él, que caminaba rumbo a la escalera, se detuvo y girando ligeramente hacia un lado, me dijo: Dame un beso, pegué la puerta sin dejar que se cerrara por completo, y le dije: No, y con un tono medio molesto, me dijo esta vez: Bésame, a lo que volví a decirle: No. Empezó a bajar los escalones, yo seguía mirándolo, esperando su reacción, cuando llegó a mitad de la escalera, levantó la mirada hacia mí, me lanzó un beso, siguió bajando la escalera, y se retiró. No supe más de él.

Al pasar el tiempo, salí una que otra vez con muchachos, pero no volví a tener novio.

A Marjorie y sus hijos les salió la residencia, y tenían algunos meses para prepararse, mientras llegaba su esposo a buscarlos. Ella no quería entregar la casa, pués no sabía si se iban a adaptar al cambio. Le sugerí, dejársela a Eddila, quien estaba recién divorciada, con tres niños pequeñitos, y viviendo en casa de mi mamá.

Hablaron, se pusieron de acuerdo, y fueron a la casa unos meses antes de su viaje.

En la casa de enfrente vivía una señora, llamada Fella, también rentaba habitaciones, con ella vivía Mirta, pariente de su esposo, con sus dos hijos mellizos; ambas se dedicaban a leer las cartas. Al acercarse la fecha del viaje de mi hermana y sobrinos, organizamos una fiestecita, entre otras personas, invitamos a Nené, hijo de Doña Fella, él acudió con un joven, residente de la pensión de su mamá. El joven conversó mucho, y me dijo entre otras cosas, ser sobrino nieto del dictador Trujillo. Hizo mucho alarde de "sus teneres", que era agrónomo, y que había trabajado con el dirigente del Partido Revolucionario Dominicano, el agrónomo Hipólito Mejía. Naturalmente, yo solo oía. El me dijo tenía treinta años de edad, yo recién había cumplido los veintisiete.

El día catorce del mes de Julio, fuimos a la fiestecita del primer cumpleaños de mi sobrina Emely, la segunda de los tres hijos de Luisa, allí conocí a mi tío Fernando, militar retirado, y a Jesús Severino, cuñado de mi hermana, y hermano paterno del Padre Severino. El fungía en ese entonces, como director del Departamento de Narcóticos y Robos, de la Policía Nacional.

Empezamos a salir, yo vivía en ese momento, en una habitación que le renté a una amiga de la infancia.

El ocho de Agosto de ese año, Marjorie y los niños viajaron con Máximo, quien fue por ellos, a los Estados Unidos.

Nosotros salíamos siempre a lugares festivos, su personalidad era desordenada, aunque quería dar la impresión de seriedad. Una noche fuimos a una discoteca, después de un rato, a otra, y luego me dijo, íbamos al Piano Bar, del hotel Napolitano, lugar que yo conocía. Ese hotel se encuentra en la avenida George Washington, frente al malecón, el Piano Bar, tiene su entrada de ese lado, pero lo que yo desconocía, era que la entrada al hotel se encontraba al doblar la calle, precisamente hacia donde él me estaba dirigiendo. Al llegar a la puerta, me di cuenta de qué se trataba, y al mismo tiempo pensé, que estaba frente a una persona agresiva, pués toda persona con ese comportamiento debe de tener algún grado de agresividad, por lo que no quería exponerme a un espectáculo humillante. Así, pués, mientras subíamos la escalera, pensé: Cuando entremos a la habitación, rápidamente, abriré de nuevo la puerta, saldré, y bajaré la escalera sin parar, hasta encontrarme fuera del edificio; pero tuve un contra pensamiento: No me dará tiempo, por lo que proseguí, y le dije: Voy a bañarme. Así lo hice, al salir del baño, lo vi acostado completamente desnudo, le dije: No me voy a quitar el vestido, me respondió: Quítatelo, volví a decirle: No me lo quitaré, a lo que repitió, con denotación violenta en su voz: ¡Quítatelo!, accedí, y él procedió a hacer lo que quería. Desde pequeña he sufrido de vértigo, por lo que bajo ciertos estímulos, he sentido nauseas y mi cabeza mareada.

La vez que a mi sobrino se le introdujo el vidrio en un pie, cuando el ciclón David, el malestar fue el mayor que había tenido, hasta el momento, porque cuando me ocurrió lo del hotel Napolitano, fue tan grande, y mi desesperación, porque pasara ese momento, que le dije: Acaba de hacer lo que vas a hacer, lo que no fue mucho, pues afortunadamente, su impotencia y mi estado de virginidad, lo impidieron. Es lo peor que me ha pasado en la vida, es algo indescriptible.

No comenté nada a mi familia, y él siguió frecuentándome. Salimos dos o tres veces más, salidas nada agradables. Luego, tuve varios días sin saber de él; cuando una mañana, estando en mi trabajo, recibí una llamada de Jesús Severino, el motivo fue para decirme: Cuando yo quisiera pasara por su oficina, para él enseñarme su expediente, pués él era un delincuente, y en ese momento lo habían apresado. Al salir de mi trabajo, acudí a donde Jesús, me estuvo aconsejando, cosa que le agradecí, pero, realmente, sin saber la magnitud de su comportamiento, sabía que estaba lidiando con un hombre de conducta inadecuada.

Lo visité varias veces en la cárcel, en donde le llevaba un plato de comida, algo de tomar, algunos cigarrillos, una cajita de fósforos, y le dejaba RD$5.00.

Al salir de la cárcel, me visitó, y yo seguí actuando como desde un principio, poco a poco, y como dice la Ouija, lo despedí, al igual que lo hicimos mi hermana y yo, la vez que la jugamos.

A principio del año 1984, me mudé en casa de mi hermana Emma, ella y el papá de Pavel, su hijo mayor, habían decidido mudarse juntos; consiguieron una casa cerca del ensanche Ozama, duraron un tiempo viviendo en ese lugar, y luego, fueron a vivir a la calle Padre Garcia, casi esquina Treinta de Marzo, en la misma cuadra donde Juan Alfonseca había vivido gran parte de su vida, y aún vivía su mamá, y a algo más de una cuadra de mi casa materna; fue ahí donde yo viví con ella, por muy poco tiempo.

En Febrero de ese mismo año, leí en el periódico un anuncio que decía: Se busca una instructora, para trabajar en el Gimnasio Camilo. El anuncio me llamó mucho la atención, no por lo de ser instructora, aunque pensé: Ese es un tipo de trabajo que me gustaría; pero en ese momento me atrajo, porque siempre me gustó hacer ejercicios, además, ya conocía de ese gimnasio, el cual era famoso, porque de ahí salían las reinas de belleza de mi país.

No dudé en llamar por teléfono e informarme sobre el costo de inscripción y la mensualidad.

Días más tarde me inscribí. El gimnasio estaba ubicado en la avenida Bolívar número 20, cerca de mi casa y de mi trabajo.

Conocí al Dr. Camilo Leslie, quien era el dueño, y quien hacía el exámen físico, previo a diseñar el programa de ejercicios. Como era su costumbre, conversó conmigo, me hizo preguntas sobre mi salud y la de mi familia. A pesar de ser el exámen al desnudo, cosa que supe en el momento, no me sentí intimidada, pués por lo que veía en él, y lo conversado ya, me di cuenta de que estaba frente a un profesional, dedicado por completo a su gimnasio, que lo que quería hacer era un exámen físico minucioso, para así poder detectar cualquier anomalía que tuviera el cuerpo, y si no podía corregirlo por medio a ejercicios, referir al alumno a un especialista, como lo hizo en innumerables ocasiones. Por algo pudo formar veintitrés Reinas de Belleza, como lo decía y demostraba, con el Trofeo de cada una de ellas, que exhibía en la recepción.

A la Editorial Duarte iba un señor, quien había escrito un libro, y lo dejaba a consignación. Una tarde se me acercó, y al verme la cicatriz, que aún conservo en mi brazo derecho, me preguntó: ¿Qué me había sucedido?, y le respondí: Tuve una pesadilla. Me dijo: Soy Sicoanalista y Consejero, si vas a mi consultorio, te puedo hacer un Sicoanálisis. Me anotó la dirección de su casa, la cual quedaba en un sector llamado Génesis.

Me pidió mi número telefónico, y lo anotó. Al llegar a mi casa, lo comenté; al día siguiente me telefoneó, para decirme, me esperaba. Mi hermana Luisa me dijo: No vayas a esa cita, yo me soñé con ese hombre y el Diablo. De igual modo, yo acudí, y le llené un Test Sicológico.

Me pidió le hiciera un Locrio de Arenque, lo cociné, nos lo comimos, tomamos tragos, y pasó algo más que una consulta sicológica. Esa noche tuve un sueño: Lo vi tal cual el era, pero vestía una capa que le cubría todo el cuerpo, color rojo y negro. Nos comunicamos otra vez, y quedamos, yo volvería a su consulta. Luego, caminando Miroslava y yo por el Malecón, lo vimos sentado en uno de los bancos, le decía a un joven que estaba a su lado: Te espero a las diez de la mañana, lo saludé, y seguí caminando; entonces, le dije a mi hermana: Ese es el sicólogo que yo he estado visitando, creo que es Sicópata.

Una tarde a la salida de mi trabajo, él me esperaba afuera, nos fuimos caminando hasta un restaurante de la avenida George Washington, donde cenamos, mientras, conversamos, y yo le manifesté mi atracción por la sicología, a lo que él se ofreció a pagarme la universidad, pero me negué. Luego nos encontramos cerca del gimnasio, cuando ya yo no trabajaba en la Editorial Duarte.

En ese mismo año, el contable de la empresa donde yo trabajaba, me invitó a ver una casa recién construida, ubicada en un residencial nuevo, llamado, Ana Virginia, en la parte Este de Santo Domingo. En el camino, me comentaba, era de un primo suyo, que vivía en Nueva York, y quien lo había encargado a él de la casa, diciéndole, la rentara por RD$200.00. Al llegar al lugar, lo encontré muy bonito, y la casa también, además de ser nueva, por lo que me gustó más aún, diciéndole de inmediato: Te la alquilo. Acordamos que sí; a pesar de que mi sueldo era solamente de RD$350.00 al mes, pensé poderle hacer frente a la nueva situación. Le solicité ayuda a mis hermanos, y la que obtuve fue muy poca, pero a pesar de todo pude lidiar con ella. También me ayudó, que el compañero de trabajo que me la alquiló, vivía cerca, y casi todos los días me daba una "bola" (como decimos los dominicanos), de ida y vuelta.

Me mudé ahí, junto a mi mamá, mi hermano Ramón con su compañera y su hijo Arturito, recién nacido; además, Miroslava, quien se casó al poco tiempo, con un señor que junto a sus hermanos, heredó un edificio de tres pisos, en la calle Arzobispo Meriño, a menos de una cuadra de mi trabajo. Allí fueron a vivir ellos, en la tercera planta; la primera, estaba rentada a una farmacia, la cual conservaba el nombre de Dr. Baéz, puesto por su primera dueña, Emma Baéz, pariente de mi mamá.

El apellido Baéz, viene por parte de Buenaventura Baéz, quien fue presidente de mi país, en siete ocasiones, y mi mamá era descendiente de él, por mi abuela.

A unos meses de habernos mudado a esa casa, llegó tía Isabel, fue a solicitarle a mi mamá, llevara a su hermana Carmita, a vivir con nosotros, pués por su edad y estado de salud, no le convenía vivir sola. Yo me opuse, le dije a mi mamá, que no me gustaba la idea, puesto que, ella tenía otros familiares con más posibilidades. Aún así, mi mamá aceptó, y a los pocos días, mi tía estaba de mudanza.

En Diciembre de 1985, para mi cumpleaños, el administrador de la empresa me preguntó: ¿Qué tu quieres que yo te regale?, le contesté: Una cena. El era atento con sus empleados, y cada año nos dedicaba una tarjeta, por ese motivo, al menos lo hacía con las mujeres. Mi cumpleaños era el día siguiente, y como estaba viviendo retirado, llevé una bolsa con ropa adecuada para la ocasión, y al medio día, fui a un salón de belleza que me quedaba a una esquina. Terminada la tarde, al salir a las seis, iba rumbo a la Isabel La Católica, donde mi hermana, a cambiarme de ropa, cuando él abordándome me dijo: Vámonos así, como estamos, ve donde tu hermana, y yo paso a buscarte; no me sentí cómoda con su decisión, pués mi costumbre era, cuando tenía una salida fuera de mi trabajo, ir a mi casa y cambiarme adecuadamente. Lo estuve esperando, y al ver que no subía al apartamento, me asomé al balcón, y lo vi abajo, en la calle, me miró y me dijo: Vámonos.

A principio de 1986, me dijo: Hablé con mi hermano el abogado, él te puede ayudar con lo de tu tía; y a pesar de yo no haberle hecho ningún comentario al respecto, ni a nadie en la empresa, sin preguntarle a qué él se refería, acepté su decisión.

Mi tía Carmita estaba decidida a sacar su dinero del banco y gastarlo, como ella misma decía, porque estaba irritada, por el comportamiento de algunos familiares que la visitaban; por lo que, la idea de hablar con un abogado, me resultó conveniente, y aunque ignoraba la razón de la injerencia del administrador, hablé con mi tía, y con mi mamá. Ella sin pensarlo dos veces, aceptó que yo concertara una cita con el abogado. Nos pusimos de acuerdo todos, y fuimos las tres a su oficina, localizada en su residencia. El estaba muy documentado, y preparado para actuar. Hizo un documento poder, en donde mi tía le daba los derechos, para que él actuara en su representación, con relación a el certificado de inversión que ella tenía en un banco. El certificado fue cancelado, entonces fuimos con el cheque emitido a nombre de mi tía, a la financiera, donde el abogado era socio, compró un certificado nuevo, por un valor de RD$60, 000.00, y puso en el documento, que al fallecimiento de mi tía, mi mamá y yo quedábamos como herederas de dicho dinero; todo eso con el consentimiento de mi tía, naturalmente.

Hasta ese momento, todo parecía marchar bien. El cobró sus honorarios, y me hacía entrega a mí de los intereses devengados por el certificado, los cuales entregaba a mi tía, tan pronto llegaba a mi casa.

En ese entonces la gente estaba muy alborotada por todas partes, en mi trabajo también, parecía que a los ejecutivos el control se les salía de las manos, habiendo entre ellos mismos una anarquía. En medio de esa situación, me despidieron, la causa?, todavía la ignoro.

Viéndome sin trabajo, y con la responsabilidad de la casa, sin pérdida de tiempo, le dije a mi mamá: Tenemos que mudarnos. Hablé con mi hermano Leonardo, quien como era empleado público en ese entonces, tuvo la oportunidad de conseguir una casa, en un sector llamado Sabana Perdida, en la parte Noreste de Santo Domingo. Ahí vivía junto a su esposa, y sus tres hijas pequeñitas. Le expliqué lo sucedido, solicitándole a la vez, me permitiera llevar a mi mamá y a mi tía, a vivir a su casa, mientras se nos arreglaba la situación. Luego, hablé con Miroslava, con relación a mí, pués me convenía más vivir en su casa, en la Arzobispo Meriño.

Entonces, contraté al dueño de una camioneta, para realizar las mudanzas: Primero, llevamos a mi mamá y a mi tía, con sus cosas personales, y dos o tres muebles que pudieran necesitar. Segundo, llevamos la mayoría de los trastes y mis cosas, donde mi hermana, quien me cedió dos habitaciones. Y tercero, la muchacha que había estado trabajando en la casa, y me ayudó con la limpieza ese día, la envié sola con el chofer, y algunas cosas que le regalé. Quedándome sola, sóló faltaba bañarme, para retirarme, lo cual hice en medio de un "apagón", pués se nos fue la corriente eléctrica. La vecina de enfrente, cuyo marido me ayudó con el traslado de los muebles a la casa de la Arzobispo Meriño, me regaló un cubo de agua, pués cuando se iba la corriente, también se iba el agua.

En el ajetreo se me extravió una bolsa, en donde yo guardaba, entre otras cosas, una cinta grabada con las voces de algunos de mis sobrinos, siendo aún muy niños. Fuera de eso, todo lo demás estuvo bien. Lo sucedido fue en el mes de agosto.

Una tarde, viviendo en casa de mi hermana, y sin trabajo aún, me encontré con Eduvigis, quien también había sido cesada de su trabajo; cerca de la Editorial Duarte, ella me dijo, sosteniendo una estatuilla entre sus manos de San Judas Tadeo: Hola! Gladys, estando reunida en casa de los Ibarra, junto a la familia y a Enrique Mejía (quien también era amigo de Eduvigis y de la familia Ibarra), sorteamos esta estatuilla, como cada año lo hacemos, en este te incluí a ti, y saliste agraciada, al mismo tiempo que me la entregaba.

Como estaba atravesando una situación difícil, esa noche puse la estatuilla cerca de mi cama, y le pedí con mucha devoción, tuve facilidad para concentrarme, y lo hice a tal grado, que me trasladé a un Bosque, y estuve frente a un soldado de la antigüedad. No le vi la cabeza, sólo desde los hombros hasta los pies; vestía una pieza mangas cortas, hasta mitad de los muslos, sandalias hasta las rodillas, su cuerpo fornido y bien formado. Me impresioné tanto, que al amanecer, fui a donde mi mamá, le conté lo ocurrido, y entregándole la estatuilla, le dije: Me asusté.

Antes, aun trabajando en la Editorial me encontré con el abogado del caso de la financiera, y hablando sobre mi tía, me dijo: Sería bueno te compraras un terrenito en el cementerio, y mandes a hacer un nicho; a pesar de que mi tía tenía su Panteón, me gustó la idea, ya que nunca antes había pensado en prepararme para momentos como ese. Fui al cementerio en busca de información, y me mostraron uno cerca de la oficina, con medidas de un metro de ancho y tres de largo, el precio: RD$108.00, lo compré, me entregaron un recibo provisional, y al día siguiente, fui a buscar el certificado que me acredita como dueña.

Luego, las financieras colapsaron, entre ellas La Monetaria. Mi tia dejó de percibir sus intereses, y cuando me reuní con el abogado, él me pidió el certificado de inversión original, me dijo lo guardaría en la caja fuerte de la empresa de su papá, lo que encontré extraño, y no necesario, pero aún así le dije se lo conseguiría. Antes de entregárselo lo fotocopié. Me sentía incómoda por lo que había hecho, por lo que fui a hablar con su hermano, quien me lo recomendó.

Le expliqué la situación y mi inconformidad, pidiéndole de favor hablara con su hermano, haciéndole saber que le había sacado copia al documento; yo pensé que si él lo hacía, lo iba a disuadir de cualquier mala intención que tuviera.

Su respuesta fue burlona, enviándome a hablar yo con su hermano, me dijo: Dile que yo soy tu apoyo.

Fui a casa del abogado, quien creyéndome idiota, al recibirme me dijo: Vamos al patio, en ese lugar vamos a estar en privado, nadie nos va a oír; creyó que me sentiría importante. Le hablé del esposo de mi hermana menor, quien era detective privado, tratando de intimidarlo, a ver si se daba cuenta de que yo tenía gente a mi alrededor, que sabía de leyes, aún así, al igual que su hermano, me contestó irónicamente.

Yo no sé, cómo hay gente, que sólo tienen en su mente su propósito, y no se dan la oportunidad de pensar que la otra persona, aunque les parezca estúpida, quizás no lo sea.

En virtud de todo lo que estaba sucediendo, hablé con un abogado, cuñado de una de mis hermanas, le manifesté mi intención de ir a la financiera, a retirar el dinero. Al llegar al lugar, nos dijeron: Ese certificado no existe.

Tuve entonces que contratar a otro, que tuviera más tiempo, pués se iba a tener que enfrentar a una gran batalla. Hablé con un abogado que le rentaba una habitación a mi hermana en la Isabel La Católica, le di copia del certificado, le conté el caso, y le dije: Si ganamos, yo te pago. El aceptó, y acordamos un por ciento de la suma total.

Cuando inició la investigación, descubrió que en la financiera se había hecho un trabajo deshonrado, lo cual no menciono, por respeto.

En varias ocasiones dejaba de asistir al gimnasio, y luego volvía, y me reinscribía. Un día el Dr. Camilo, me envió una tarjetita con Miroslava, que también había ingresado como alumna, en donde me anotó un número de teléfono y a la hora que él quería le llamara.

Al hablar con él, me preguntó: ¿Porqué no estás asistiendo al gimnasio?, le respondí: Perdí mi trabajo, me contestó: Ven, que te voy a becar. Empecé a asistir de nuevo.

Días después, Luisa me avisó: Vi en el periódico, un anuncio del Mundo Del Juguete, solicitando una cajera. Ese era uno de los negocios de Pepin Corripio, como le apodaban a José Luis Corripio, un comerciante español, muy exitoso, residente en Santo Domingo. Me entrevisté con el Sr. Miranda, gerente de personal, me empleó, y comencé a trabajar al día siguiente. Era un trabajo provisional, por la época navideña, hasta pasar el día de Reyes; en mi país, se celebra el día 6 de Enero, poniéndoles a los niños juguetes cerca de su cama, la noche del día 5, para que así ellos al despertar al día siguiente, los encuentren. Mi horario era de ocho horas al día, pero el cinco de Enero, víspera de Reyes, tuve un trabajo maratónico de veintidós horas; empecé a las ocho de la mañana, y terminé a las seis de la mañana del día 6; sin separarme de la caja.

Don Agustin, cuñado de Pepin, y administrador general de las empresas, me mandó a buscar con una compañera que tuve en el Mundo Del Juguete, días después de haber cesado en el lugar. Yo me presenté ante él, a principio del mes de Febrero de 1987, me dijo: Quiero que trabajes conmigo en la oficina principal. Entonces me colocó, primero en el departamento de compra y venta de dólares; después estuve en contabilidad, en el departamento de cobros, y por último, me pasó a caja, ahí trabajaba con el encargado de los vendedores, recibía cheques, y todo lo que tenía que ver con las empresas Corripio; también preparaba la nómina, y hacía los cheques concernientes, incluyendo uno para mi, por valor de RD$175.00, como pago extra a los RD$350.00 que ganaba al mes.

Camilo, quien había ido al Mundo Del Juguete a comprar algunas cosas para unas sobrinas suyas, nos vimos y seguimos comunicándonos, a pesar de que yo no estaba asistiendo al gimnasio en ese entonces.

Me mudé a la Isabel La Católica de nuevo, y me inscribí en una escuela para aprender inglés, a la que asistía al salir de mi trabajo.

Mi tía había fallecido el treintiuno de Enero de ese mismo año, y todavía no se resolvía lo del certificado.

Una tarde, cuando iba a mi trabajo, subiendo por la calle Palo Hincado, cerca de la estación de Bomberos, antes de cruzar la avenida Mella, vi a José, el amigo de Fernando, que venía caminando en dirección hacia donde yo estaba, lo esperé, al llegar a mí, nos saludamos, y acto seguido, le pregunté: ¿Me puedes conseguir el número de teléfono de Fernando?, a lo que me respondió: Lo tengo en mi casa, le dije: Lo voy a ir a buscar, a las seis, cuando salga del trabajo, me contestó: Si, ve, frente a Helados Capri; nos despedimos: ¡Nos veremos!. Llegada la hora, dejé que mis pies me llevaran, puesto que nunca había ido a su casa, ni le pregunté su dirección, sin embargo, me dirigí a la calle Arzobispo Nouel, fui a su edificio, y llegué a su apartamento. Simplemente llegué. Allí, al tocar el timbre de la puerta, me recibió una señora mayor, le pregunté por José, y me invitó a pasar; al entrar, vi a un señor, también mayor, se encontraba de pie, y yo me senté en el sofá de la sala. Al venir él, trajo consigo la libreta, en donde tenía anotado el número de teléfono, se sentó a mi lado, prosiguió a entregármela, y de inmediato lo anoté, en mi cuaderno de clases de inglés, que llevé conmigo.

El no me preguntó cómo había llegado, y yo tampoco pensé como lo había hecho, hasta después de pasar varios años.

Al llegar a mi casa, de inmediato telefoneé a Fernando; me contestó una voz joven femenina, y al preguntarle por él, oí, ella le llamó, al venir al teléfono, le dije: ¡Sorpresa!, ¿sabes quién te habla?, me dijo: Sí, Gladys, y en seguida continuó: Yo me casé, le respondí: Yo también me casé y me divorcié, cosa no cierta en mi caso, luego le pregunté: ¿Vives en casa de tu mamá?, porque como su amigo no me advirtió nada al darme su número, eso fue lo que se me ocurrió pensar. Me contestó: No, pero vivo cerca. Entonces le dije: Busca papel y lápiz, para que apuntes mi número de teléfono, hubo una pausa. . . . ., luego, intervino diciéndome: Y esa bulla?, son los niños de enfrente, que están jugando aquí, le contesté. Proseguí, ya?, dijo: Si, le dije cada dígito, y de inmediato, seguí: ¡Bueno!, no te quito más tiempo, ¡bay!, el reaccionó: ¡Ah!, salúdame a bigotico, me sonreí, y respondí: ¡Un beso!.

Pasó alrededor de un mes, sin tener noticias de él.

Como me mantenía en contacto con Camilo, empezamos a salir, a principio del mes de Septiembre. Dos meses más tarde, en Noviembre cinco, me mudé con él a su casa.

Hablamos de que yo iba a trabajar en el gimnasio, el me dijo: Había acordado con la mamá de su hijo menor, quien tenía ocho años en ese entonces, que iba a trabajar como instructora hasta finalizar el año. Yo, a la vez, le presenté mi carta de renuncia, a Don Agustin, y estuve trabajando en la Distribuidora Corripio, hasta el treintiuno de Diciembre.

A principio de Enero de 1988, aún estando de vacaciones, al despertar en la mañana, Camilo me dijo: Esta madrugada, sentada en la cama, y con voz muy clara, te escuché decir lo siguiente, lo anoté en esta tarjetita, la cual me entregó, y la leí, decía: Hay que dar Configuración como Cauto, ¿Oíste?, Carpuntica.

El día ocho, ya terminadas las vacaciones, me inicié como instructora. Camilo, hombre próspero, y pionero en el mundo de la gimnasia en mi país, inauguró el" Gimnasio Camilo", en el año 1946. A sus sesenta años, se mantenía en muy buen estado de salud mental y físico, pués no interrumpía su rutina de ejercicios, de lo cual hablaba con mucho orgullo.

El había estudiado Cardiología de la Gimnasia, y a cada alumno, le practicaba un electrocardiograma, previo diseñarle su curso a seguir.

Pasado algunos meses, conseguí mi primera visa, para viajar a Estados Unidos. Hicimos un recorrido durante cuatro días: Primero, fuimos a Puerto Rico, al día siguiente, y dejando nuestras pertenencias, en la habitación del hotel, viajamos a San Thomas, ahí me compró un anillo, visitamos a una hermana suya, quien vivía en esa Isla; comimos en un restaurante llamado: Barba Azul, con una vista preciosa, que me encantó. Luego, nos regresamos a Puerto Rico, ese mismo día. De Puerto Rico a Panamá, y de Panamá de vuelta a Santo Domingo.

Siendo Camilo fanático de los ejercicios, y yo que no me quedaba atrás, iniciamos un programa de caminata y trotar, alternándolos, desde que empezamos nuestra relación, cada mañana, antes de ir al trabajo; lo hacíamos alrededor de la casa, hasta llegar al Malecón, y los Sábados y Domingos, como no habríamos el establecimiento, íbamos al parque Mirador Sur, que nos quedaba más retirado. Lo hicimos durante cinco años.

El con grandes conocimientos de gimnasia, también era Bariatra (especialista en los desórdenes del peso), inicio un programa, a el que llamó: "Gordos Anónimos", en el año 1983, un año antes de yo ingresar como alumna al gimnasio. Tenía: Orientación Sicológica, Un Plan Alimenticio y de Ejercicios.

Me di cuenta de que muchas de las personas que se inscribía en el gimnasio, y algunas que iban por información, necesitaban un programa como ese, así, pués, empecé a ofrecerlo, llegando a formar un gran grupo, siempre, siendo un número mayor de mujeres, que de hombres.

Seguía en contacto con mi abogado, y puse a Camilo al tanto de la situación. Ya el caso estaba en el departamento legal, de la Súper Intendencia de Bancos, y el abogado había conseguido algunos de los documentos requeridos.

Empecé a ir a la Súper Intendencia, sin el abogado, Camilo me acompañaba. Les conseguí los documentos que ellos me solicitaron, entre los que se encontraban: Un acta declaratoria, solicitada al abogado apoderado de mi tía, en donde daba fé, de que el certificado de inversión se encontraba en la financiera, y pertenecía exclusivamente a la señora: Carmen Vidal. Como, también, uno redactado por el abogado, cuñado de mi hermana, y sellado en la cancillería. En Diciembre de 1993, lo validaron. Ya resuelto el caso legal del certificado, y aunque el Presidente del momento, ya fallecido, Joaquín Balaguer, autorizó la liquidéz de todas las financieras, cosa que hicieron, pero mi certificado sigue sin ser pagado.

Mientras lidereaba el programa Gordos Anónimos, mis dolores de cabeza agudizaron, mis ojos lagrimeaban, y me dolían, a veces uno, otras veces el otro, sintiendo a la vez un gran malestar estomacal.

Nos casamos el veintidós de Abril de 1989. La primera visa la conseguí sólo por quince días, por lo que él me hizo una nueva solicitud, esta vez, me la dieron por un mes.

Vivimos una vida en pareja satisfactoria, viajamos mucho, tanto al interior, como al exterior del país. A pesar de que su hijo menor, la mayor parte del tiempo, vivía con nosotros, teniendo un comportamiento con una rebeldía ilógica, por la mala influencia que recibía por parte de su madre, pudo lidear con la situación, por su gran inteligencia y tenacidad. Y viendo él, que el daño recibido por su hijo, cada vez iba a ser peor, era su gran preocupación, por lo que quiso hacerlo profesional, y con un nivel de educación adecuado, antes de irse de este mundo. Por lo que tuvo una ardua tarea, para hacerlo aprendiera inglés, conjuntamente con su plan de estudios. Como también lo hizo bajar de peso, con un programa de ejercicios que le diseñó en el gimnasio, tarea difícil, pero lo logró.

Con él aprendí mucho sobre mi condición, se había dado cuenta de mi trayectoria, y porqué estábamos juntos nosotros.

En 1991, fue a un chequeo médico a Miami, y le descubrieron un cáncer prostático, en ese momento, recibió la primera intervención quirúrgica de su vida.

Ya yo con visa por cinco años, viajé, y estuve con él en el hospital.

En Marzo de 1993, le encontraron células cancerígenas en el hígado, y le extirparon la parte dañada.

Ese mismo año, a finales, volvieron a operarlo del hígado.

Una noche, al llegar a la casa, después de haber salido del gimnasio, en Julio de 1994, encendí el televisor, y en ese preciso momento, oí decir: Fernando Salcedo, ganador de una estatuilla. Y lo vi en una fila, como de tres o cuatro personas; fue en un programa de noticias.

Al día siguiente, timbré a casa de Tina, le pregunté, si él se encontraba en el país, me respondió:

Estuvo, no recuerdo si fue a finales del 93, o a principio de este año.

Vino con su mamá y el cadáver de su hermano, al cual enterraron, pués murió en un accidente automovilístico en España. La noticia me cayó mal, sintiendo mucho su fallecimiento.

Entonces, proseguí: ¿Preguntó por mi?, me contestó: Desde que llegó, le dije: ¿tienes su número de teléfono?, me contestó: Sí, él mismo lo anotó en mi libreta; consíguemelo, por favor, al digitármelo, le dije: Le falta uno, me contestó: Había sido su hija, quien le quitó un pedazo al papel.

Camilo, preocupado porque su cáncer seguía avanzando, influyó mucho en mi, para que yo encaminara mis pasos en encontrar a Fernando.

Esta vez, yendo sola al Consulado Norteamericano, para solicitar Visa de nuevo, a principio de 1997, la conseguí por diez años.

A mediado de 1998, hablamos con un abogado, e interpusimos la demanda de divorcio. Aunque separados, seguí viviendo en la casa, en el patio había una casita, en los altos del garaje, en donde una vez Camilo tenía una oficina, él se la cedió a su hijo, y yo iba a dormir en el cuarto que éste tenía.

Debido a su conducta, es de suponerse, que la habitación no estaba apta para uso inmediato, por lo que, puse mi cama en la sala, mientras la limpiaba. Una noche, vi un selaje de un hombre, que salía de la habitación donde Camilo tenía su oficina, y caminaba hacia la cocina, dirigiéndose a la nevera, se repitió varias veces.

Después de varios intentos de localizar a Fernando, por medio al Internet, y sin lograrlo, hice mi primer viaje a Atlanta, GA., en mis vacaciones de Diciembre. Me hospedé en uno de los hoteles Marriot, cerca del aeropuerto. Busqué en la guía telefónica, a ver si se encontraba su número, no lo conseguí, entonces fui a caminar, con la intención de encontrar algún lugar, en donde me pudieran ayudar, tampoco lo conseguí.

Al regresar a Santo Domingo, visité a Tina, ella me dijo: La mamá de Fernando estuvo aquí, duró un mes, vino a vender su casa, le pregunté: Entonces, te dejó su número de teléfono?, me contestó: El abogado me dejó unos papeles, al mismo tiempo que se dirigía a buscarlos, cuando me los entregó, anoté una dirección, donde se suponía ellos vivían. Como la ciudad no especificaba el

Estado donde se encontraba, yo busqué en un Atlas geográfico, ahí encontré una ciudad con ese nombre, en Georgia.

En Julio de 1999, se publicó el divorcio de Camilo y mío.

En Diciembre, me dirigí a Georgia, y visité la dirección que había conseguido; al llegar al lugar, le dije al taxista, me esperara, toqué la puerta, y las personas que me recibieron, decían ser: Fernando, su esposa, su mamá, y su hermana. De inmediato me di cuenta, no eran las personas que yo buscaba, y se lo hice saber, a lo que ellos se negaron, e insistieron ser. Les dije: Me voy a un hotel, luego nos comunicaremos, "Fernando" anotó su número de teléfono en un papelito, y me dijo: Antes de irte llámame; me retiré a un motel, en donde ya había hecho reservación. Ya pasada las dos de la tarde, me registré e instalé, momento más tarde, recibí una llamada en la habitación, se trataba de la hermana, ella se ofrecía a ayudarme. Al día siguiente, en la mañana, me dirigía a una cafetería, ubicada del otro lado de la calle, en eso llegó "Fernando", me preguntó: ¿Donde vas?, le contesté: Voy a tomarme un chocolate caliente, y él se ofreció a llevarme; mientras, estuvimos conversando, le hice varias preguntas, me las contestó, como si se tratara en realidad de la persona que yo buscaba. Terminé mi chocolate, él pagó la cuenta, y nos retiramos. Me invitó a que fuéramos a una tienda, donde le interesaba comprar algo; luego me llevó de vuelta al motel, siguiendo él su camino.

En la noche me telefoneó: Sal, estoy aquí en el parqueo con mi mamá, fui donde ellos, me propusieron llevarme a su casa, a lo que me negué, insistieron, entonces les dije: Bien, pero les pagaré, no aceptaron, y continué: Les pagaré, aunque sea la mitad de lo que estoy pagando aquí; querían me fuera esa noche con ellos, les dije: Vengan mañana por mí. Al otro día en la mañana, llegó su mamá y nos fuimos a su casa. Estuve con ellos doce días, en los que se negaron a recibir pago de mi parte.

Ellos insistían en actuar como si fueran las personas que yo buscaba; coincidían en sus nombres y apellidos, por lo que le solicité a la mamá, me permitiera ver un álbum de fotos familiar, ella sin titubear, lo buscó, y entre las fotos, vi dos, que sí pertenecían al Fernando buscado por mí, la de Rafaelito, era completamente diferente al que yo conocí.

Llegado el año nuevo, le telefoneé a Camilo, para felicitarle, y avanzarle parte de mi experiencia en ese lugar. Aprovechando esa llamada, le entregué a la señora US$50.00, como pago del servicio.

Me di cuenta que en ellos no había malicia, por lo que descarto, hayan estado usando sus identidades con otro propósito, más que el de vivir una fantasía; fantasía acomodada a su manera, que dista mucho a lo vivido por nosotros.

En Septiembre del año 2000, volví a Atlanta, me hospedé en uno de los hoteles Sheraton. Durante los cuatro días que duré, me comuniqué con varias oficinas gubernamentales, quería información sobre la búsqueda de personas; en una de ellas, conseguí la dirección de dos departamentos, en donde podía yo escribir, porque ellos podían ayudarme.

Al llegar a Santo Domingo, procedí, días más tarde, recibí respuesta de uno de ellos, me decían: Necesitaban el Número del Seguro Social, el cual yo ignoro. Semanas después, me contestaron del Seguro Social, diciéndome, iban a proceder.

Pasó el tiempo, y no recibí la información solicitada.

Habiendo transcurrido catorce años de yo estar al frente del gimnasio, al finalizar el 2001, me retiré.

Camilo estuvo trabajando con Esther, una sobrina mía, por varios meses, luego con una paciente.

Llegado el año 2002, a mediados: Una noche, estaba acostada, pero sin dormirme aún, sentí me movía junto con mi cama, como si hubiera estado en un columpio. Movimiento que duró un buen rato, fue la primera vez que me sucedió.

Una mañana, todavía no me levantaba, cuando de repente, un fuerte viento estremeció la puerta de mi dormitorio.

Camilo puso en venta el edificio del gimnasio, y vendió algunos de los aparatos de ejercicios, como también, muebles. Habilitó dos cuartos de la casa, uno, en donde instaló los aparatos con los que se quedó, haciendo un pequeño gimnasio para uso de los pacientes, en el otro, la recepción.

En el patio frontal, cerca de la cisterna, mandó a hacer tres cuartitos, uno, con un inodoro y un lavamanos, para uso femenino, otro igual, para uso masculino, y uno en el medio de los otros dos, con una ducha, para ambos sexos. Compramos sillas y mesitas de un plástico resistente, también, tablillas que se usaban para apoyar al escribir. Entonces, sólo se quedó con el grupo de Gordos Anónimos que tenía, al cual empezó a recibir en la casa. En la recepción, se hacían los ingresos, como también tomaban sus lecciones sicológicas los pacientes. Los días en que el grupo era más grande, una parte de ellos, se sentaba afuera, poniendo sus pertenencias sobre las mesitas.

El estuvo trabajando con el grupo, asistido por mi sobrina, durante un tiempo, luego, por razones de estudios, ella no pudo continuar. El tuvo que viajar a Miami, para un chequeo médico; yo lo representé, al regresar, seguimos juntos, al pasar cuatro meses, no seguí, y él contrató a una paciente, para que fuera su secretaria.

A finales de año, el edificio lo compraron.

Tuve sensaciones, como: Una vez, estando sentada en el comedor, próximo a la puerta de salida al patio, un hombre, con camisa azul obscuro, subió la escalera, y me extendió su mano, algo parecido a como lo hicimos Fernando y yo al conocernos.

Leí "Cumbres Borrascosas" y "Levantando La Cortina", y como escribió mi hermana en la dedicatoria que me hizo, sí me ayudaron mucho a tener una amplia visión de todo lo que me sucedía.

Mi primo Bob, había estado muy enfermo, falleciendo en Noviembre del 2003; me enteré, después de dos semanas, sintiéndome algo turbada, salí al patio, en donde tenía unas plantas ornamentales, las cuales había comprado recientemente, con la intención de adornar todo alrededor de la casa. En esos días estuvo lloviendo, miré hacia el cielo, y vi una Aureola de color alrededor del sol; nunca antes lo había visto así.

Pasado algunos meses, en el 2004, Camilo y yo, estábamos sentados en el comedor, él me mostró el título de propiedad de la casa, prometiéndome que a la hora de su muerte, yo la heredaría.

En Enero del 2005, vine a Estados Unidos, llegué a Miami, allí abordé un tren, y viajé hasta Boston, Mass., desde Boston, en un autobús, fui a Plymouth, a casa de Geneva la esposa de mi primo Bob, estuve con ella alrededor de dos semanas, luego, me dirigí a Nueva York, quedándome en casa de mi hermano Leonardo, por dos meses; durante los cuales, trabajé parte del tiempo, hasta que me marché a Pensilvania. El propósito de viajar a ese lugar, fue visitar una oficina del Seguro Social, de donde yo había recibido respuesta del caso de Fernando.

Llegué a la ciudad de Wilkes Barre, y de inmediato a ese lugar, en donde se encuentra la oficina del Seguro Social. Hablé con algunos empleados, y me dijeron: Ya ese Departamento de Búsqueda de Personas, no existe, les respondí: Mi caso tiene varios años, y ustedes me dijeron iban a proceder. Pero fue inútil, no se resolvió.

Me quede en Wilkes Barre, y llegando a un lugar llamado, Public Square, vi un parque, me desmonté del autobús, dirigiéndome al parque, en donde estaba empezando una feria, que duró tres días.

Me comuniqué con varias personas, mostrándoles mi interés por trabajar, después de un par de días, una de ellas, me llevó a un lugar de ayuda pública, en el cual conocí a un joven Puertorriqueño, quien estuvo dispuesto a ayudarme.

De la oficina me llevaron a una casa, en donde le daban alojamiento a las mujeres maltratadas, aunque no era mi caso, de igual modo me permitieron la entrada. Al día siguiente, recibí una llamada del joven, me preguntó: ¿Cómo te va?, le contesté: Todo está bien, pero necesito trabajar, no tengo dinero, me dijo: Mañana nos encontraremos en Public Square, te llevaré a una agencia de empleos. Cuando nos encontramos, le dije: Quiero conseguir primero un permiso de trabajo, respondió: Te llevaré a Migración, donde José, un amigo mío; llegamos al lugar, muy cerca del parque, me presentó a su amigo, le entregué mi pasaporte, todavía con dos años de Visa, lo chequeó, buscó en la computadora, y me dijo: No veo nada que se pueda hacer; entonces aproveché, dándole los datos de Fernando, a ver si podía ayudarme con eso, tampoco lo conseguí.

Seguimos camino a la agencia de empleos, él llenó por mí, un formulario, y traté aceptaran mi pasaporte, después de decirme que sí, dijeron: Podían conseguirme trabajo, pero necesitaba un número de Seguro Social. Al día siguiente, volvimos a la agencia, y mi amigo, se entró la mano en el bolsillo, sacando un papelito, el cual le pasó al dueño, era un número de Seguro Social, me imagino le pertenecía a él.

Trabajé para la agencia por varios meses, en diferentes factorías.

Yo estaba viviendo en un lugar llamado Plymouth, y para llegar debía de cruzar un puente, sobre un rio, el cual crucé caminando en muchas ocasiones. Luego, renté un apartamento, en la calle Franklin, cerca de la agencia.

En Noviembre, hubo unos días que estuvo lloviendo a Cántaro, yo me compré un teléfono celular, y al no poderlo activar, puse el número que usaba para trabajar. Al llegar a mi casa, telefoneé a Santo Domingo, a la casa de Emma, hablé con un sobrino mío, le pregunté por mi mamá, quien vivió en su casa, sus últimos meses, me contestó: Habla con Luisa, ella está en su casa, llamé a Luisa, al contestarme, le pregunté, respondiéndome ella: Malady murió, el día ocho del mes de Junio. Cosa que yo presentía. También me dijo: Camilo me llamó, me preguntó por ti, dijo de un hijo suyo que había fallecido, y te dejó dicho, te acuerdes de estar pendiente de él.

En seguida terminé la conversación con mi hermana, telefoneé a Camilo, noté en su voz alegría de oírme, entonces me dijo, que su hijo mayor, quien era médico, en un hospital de Miami, había fallecido.

Pude usar mi celular sólo por una semana, porque cuando la compañía supo que el número del Seguro Social, no correspondía con mi nombre, me lo canceló.

Estuve viviendo en Wilkes Barre, por siete meses, al finalizar el 2005, en Diciembre 31, volví a Nueva York, esta vez me quedé en la casa de mi hermana mayor. De inmediato empecé a trabajar, por medio de agencias, en diferentes tipos de trabajo.

A principio del 2007, se venció mi Visa, y seguí tratando de conseguir algún documento legal, hasta que por fin, me entregaron un ITIN Number, el cual irónicamente, es un número asignado por Rentas Internas, para hacer la declaración de ingresos, y naturalmente, pagar los impuestos requeridos, pero no conseguí permiso de trabajo.

En el mismo año 2007, entré a trabajar con una familia en Brooklyn, le cuidaba unos niños, principalmente el menor de seis meses. En esa casa, también me ocurrió lo de la cama, se movía fuertemente de un lado hacia el otro.

Camilo falleció en Marzo del 2008.

El día dieciocho de Enero del 2013, cumpliré ocho años de haber llegado a este país, y más de uno de haberme mi hermana hecho una petición de Residencia. Espero viajar pronto a mi país.

He concluido el Compendio de mi vida:

Mis Experiencias, Contacto y Conexión que he tenido con los Espíritus.

Desde que el Espíritu de mi Papá Ascendió, en el 1971, me ha estado Guiando.

Siento su Presencia, la Presencia de mi Mamá y de Todos mis Seres Queridos

que se han Ido. Y como Fiel Creyente de la Reencarnación, Sé que mi Papá

Volverá, mi Mamá, Camilo, y mi Primo Bob; pero Seguiré en Contacto con los

Espíritus de Luz, y Cubierta con el Gran Manto de Cristo,

como también Todos Ustedes

Porque El Está Con Nosotros.

Gladys Duncan

Enero 08, 2013 1:18 pm.

Printed in the United States
By Bookmasters